DISPARUS
DANS LA NATURE

DISPARUS DANS LA NATURE

Vingt histoires vraies et mystérieuses

- MONDE -

LIONEL CAMY

Copyright © 2017 Lionel Camy. Enygma Books.

Tous droits réservés.

ISBN : 978-2-9551943-1-7

« J'ai le droit de faire erreur, j'ai le droit de me tromper, mais je n'ai pas le droit d'être naïf. »

Jacques Vallée

Ce livre est dédié aux personnes disparues, à leurs familles, aux bénévoles participant aux recherches, ainsi qu'à tous ceux qui se battent pour la vérité.

LIONEL CAMY

TABLE DES MATIÈRES

I. Vingt histoires vraies et mystérieuses	11
Cas n° 1 – Owen Parfitt – Angleterre – 1768	15
Cas n° 2 – Le Triangle de Bennington – États-Unis – 1945	19
Cas n° 3 – Le groupe de Dyatlov – Russie – 1959	41
Cas n° 4 – Michael Rockefeller – Papouasie-N.-G. – 1961	53
Cas n° 5 – Damian McKenzie – Australie – 1974	61
Cas n° 6 – Azaria Chamberlain – Australie – 1980	65
Cas n° 7 – Mohd Ghani – Malaisie – 2002	71
Cas n° 8 – Charles Huff – États-Unis – 2004	73
Cas n° 9 – L'énigme de Sospel – France – 2005	77
Cas n° 10 – Brandon Swanson – États-Unis – 2008	83
Cas n° 11 – John Parsons – Hawaii – 2008	93
Cas n° 12 – Myles Robinson – Suisse – 2009	97
Cas n° 13 – Emma Campbell – Nouvelle-Zélande – 2010	101
Cas n° 14 – Muhammad – Indonésie – 2010	105
Cas n° 15 – Xiao – Islande – 2012	107
Cas n° 16 – Prabhdeep Srawn – Australie – 2013	109
Cas n° 17 – Raymond Salmen – Canada – 2013	115
Cas n° 18 – Victor Teni – Espagne – 2014	119

Cas n° 19 – Kris Kremers & Lisanne Froons – Panama – 2014	123
Cas n° 20 – Les disparues de Piha – Nouvelle-Zélande – 2017	137
II. Tentatives d'explications alternatives	141
1. Expérimentations secrètes	143
- Téléportation	143
- Invisibilité	144
2. Enlèvements par des réseaux, sectes et cultes	147
- Trafic d'organes	147
- Esclavage sexuel	148
- Sectes sataniques et cultes déviants	149
3. Attaques par des cannibales et *wild men*	153
- Cannibales	153
- *Wild men* (hommes sauvages)	154
4. Enlèvements ou attaques par des non-humains	161
- Agressions par des cryptides	161
- Yéti, Bigfoot et Sasquatch	161
- Le cas du monstre de Bennington	162
- Dogman	162
- Gatorman	164
- Monstres lacustres	164

DISPARUS DANS LA NATURE (MONDE)

- Enlèvements par le petit peuple	165
- Menenuhe (Hawaii)	165
- Jin Kurcaci (Indonésie)	165
- Abductions par des extraterrestres	166
5. Diable, sorcellerie et esprits maléfiques	171
- Superstition liée aux couleurs	171
- Sorcières	172
- Esprits et entités démoniaques	173
- Djinns	173
- Guayota (Espagne)	174
- Night Marchers (Hawaii)	174
- Orang bunians (Malaisie)	175
- Légende d'Hinerangi (Nouvelle-Zélande)	176
6. Passages interdimensionnels	177
III. Conseils aux randonneurs	179
En conclusion	183
Carte du monde	185
Du même auteur	187

LIONEL CAMY

I. VINGT HISTOIRES VRAIES ET MYSTÉRIEUSES

Tous les ans, des personnes se volatilisent sans laisser de traces dans les zones sauvages, partout sur la planète. Vous vous direz : « C'est normal que des gens disparaissent dans la nature. Certains se perdent, d'autres commettent des imprudences. » Et vous aurez raison. Sauf qu'il ne sera pas du tout question de ce genre de disparitions dans le présent livre. Nous allons nous pencher sur des affaires beaucoup plus étranges que j'ai collectées dans une quinzaine de pays, sur plusieurs continents. Si vous avez lu mon précédent ouvrage *Disparus dans la nature (USA)*, vous voyez sûrement de quoi je veux parler.

Dans les histoires que je vais vous narrer, les personnes ont disparu dans des circonstances bizarres. Ça paraît insensé, mais c'est la réalité et c'est terrifiant : des individus disparaissent en un clin d'œil et on ne les revoit plus jamais. Comme s'ils n'avaient jamais existé. Une chose est sûre : certaines histoires que vous allez découvrir défient la raison. D'autres ont, a priori, une explication logique, mais sont tellement originales qu'elles se devaient d'être dans ce livre. Quand on s'intéresse aux disparitions irrésolues, on se retrouve souvent face au néant, car, en général, les explications officielles sont insatisfaisantes, quand les autorités prennent la peine d'en fournir.

À la fin de ces histoires, vous vous sentirez probablement frustré et je peux le comprendre. C'est pourquoi je vais oser aller chercher des réponses de l'autre côté de la frontière du réel, dans la partie II. Parce que, quand des disparitions ne sont pas normales, elles relèvent peut-être du paranormal ? Confronté à l'inexpliqué, il faut, à mon avis, s'émanciper du carcan intellectuel dans lequel nous enferment notre éducation et nos croyances, et être capable d'envisager l'impossible. L'idée du livre est donc de vous donner un maximum de clés, afin que vous puissiez vous forger votre propre opinion.

En ce qui concerne la présentation des vingt histoires, je les ai classées par ordre chronologique. Voici la manière dont je vais procéder : à chaque fois, je vous raconterai dans un premier temps l'histoire officielle, en vous exposant les faits. Dans un second temps, je ferai des commentaires, pour vous aider à décrypter l'affaire. Deux dossiers de la sélection feront l'objet d'un traitement beaucoup plus long que les autres en raison de leur complexité : le Triangle de Bennington et le groupe de Dyatlov.

J'insiste sur le fait que ces vingt récits ont été reconstitués à partir de sources ouvertes et vérifiables, notamment des articles de presse, seulement, les informations disponibles sont parfois très succinctes.

En règle générale, les médias s'intéressent aux disparitions uniquement durant la période des recherches, qui sont souvent suspendues au bout d'une semaine. Même si c'est terrible pour les familles, c'est malheureusement compréhensible. Passé ce délai, les chances de retrouver une personne vivante dans la nature sont infimes. De plus, les équipes de *Search and Rescue* (SAR), ou recherche et sauvetage, sont constituées de bénévoles qui ne peuvent continuer à chercher éternellement les disparus (ils aident les secours sur leur temps libre et ont une vie à côté). Enfin, quand une enquête est ouverte, il faut bien avouer que les officiers de police sont moins motivés à résoudre les affaires de disparition que les crimes, vu qu'en l'absence d'indices, les scénarios possibles sont multiples. On a coutume de dire que, lorsqu'une personne disparaît, les premières 48 heures sont cruciales (dans le cas d'un enfant en bas âge, ce sont les toutes premières heures) et c'est vrai. Passé une semaine de recherche, les dossiers de disparitions dans la nature ont toutes les chances de perdre l'attention des médias et de prendre la poussière dans une armoire de la police locale.

Maintenant, passons aux histoires. Et n'oubliez pas qu'elles sont authentiques…

CAS N° 1

OWEN PARFITT
ANGLETERRE
1768

Les faits

Nous sommes en 1699, à Shepton Mallet, une ville du Somerset, dans le sud-ouest de l'Angleterre. Owen Parfitt naît dans une famille de tailleurs. Il a une sœur prénommée Mary, âgée de quinze ans de plus que lui. Le destin d'Owen est tout tracé : il sera tailleur. Dès son plus jeune âge, son père le prend en apprentissage, dans l'objectif qu'il reprenne le commerce familial, mais Owen a un tempérament turbulent, il déteste rester assis à coudre pendant des heures, et un jour, il disparaît. Selon toute apparence, le fils des Parfitt a décidé de fuir la vie qui lui était promise. Il se murmure qu'Owen se serait engagé dans l'armée du Roi, seulement, on n'est sûr de rien. Les décennies passent. Owen ne donne plus de ses nouvelles, et M. et Mme Parfitt meurent, sans avoir revu leur fils. Orpheline, leur fille Mary reprend le commerce familial à Shepton Mallet.

Il y a bien longtemps que le fils rebelle des Parfitt a sombré dans l'oubli, quand, un jour de l'année 1768, il revient dans sa ville natale. Owen a bien changé. C'est maintenant un vieil homme de 70 ans presque infirme. Pas étonnant. Selon ses dires, il a vécu une vie aventureuse : il a combattu en Amérique et en Afrique. À en croire ses récits de pirates et de femmes fatales, Owen a eu une existence mouvementée. N'en rajoute-t-il pas un peu ? Possible. La seule chose avérée, c'est qu'il paye désormais le prix de ses excès, malade et perclus de rhumatismes. En fait, personne ne le reconnaît vraiment à Shepton Mallet, à part sa sœur Mary qui le recueille dans le cottage familial. Owen clame qu'il veut redevenir tailleur, mais force est de constater qu'il en est incapable. Sa santé empire au fil des mois et il ne peut plus se déplacer sans aide extérieure. Lourdement handicapé, Owen passe le plus clair de son temps au lit, dans une chambre à l'étage de la maison. Bien que courageuse, sa sœur Mary ne peut plus s'occuper seule de lui (elle a 85 ans), aussi sa voisine, Susannah Snook, qui n'habite qu'à cinquante mètres, vient-elle lui prêter main forte chaque jour. Avec l'arrivée de l'été, Owen apprécie de passer la soirée dans le jardin qui fait face à un paysage de campagne bucolique. (La demeure des Parfitt est entourée de fermes et de champs.) Chaque après-midi, Susannah aide Mary à transférer Owen dans le jardin (elle fait juste un aller-retour). Une fois son frère assis sur un fauteuil, Mary en profite pour faire le ménage dans sa chambre.

Une fin d'après-midi de juin 1768, les deux femmes installent comme d'habitude Owen sur son fauteuil dans l'herbe. Même si le temps est agréable, Mary pose un manteau sur les épaules de son frère afin qu'il ne prenne pas froid. Le vieillard aime rester tranquille dans ce coin de verdure. Ça lui arrive d'échanger quelques mots avec les fermiers qui passent sur une route proche, mais, à cette saison, les agriculteurs sont occupés à travailler dans les champs. C'est un début de soirée tout à fait normal. Mary est en train de nettoyer la chambre de son frère à l'étage de la maison, quand le temps change brutalement dehors. Le ciel est zébré d'éclairs et un orage déferle sur Shepton Mallet. Mary pense aussitôt à Owen. Elle descend précipitamment les escaliers et sort dans le jardin pour le mettre à l'abri, mais… elle trouve juste son fauteuil vide.

Interloquée, la vieille femme appelle son frère. N'obtenant que le silence pour toute réponse, elle alerte les fermiers aux alentours, seulement, personne n'a vu Owen.

Susannah, la voisine, vient constater par elle-même la disparition mystérieuse du vieillard. C'est incompréhensible. Comment Owen a-t-il pu se lever et partir ? Sûrement pas par ses propres moyens. À Shepton Mallet, tout le monde se mobilise pour retrouver Owen. D'après le *Somerset County Herald*, le journal local, on vérifie tous les bois et étangs des environs. Chaque puits est méticuleusement vérifié, comme les fossés. Les recherches s'étendent sur plusieurs kilomètres autour du cottage des Parfitt, en vain. On ne reverra plus jamais Owen Parfitt.

Commentaires

Pour démarrer ce livre consacré aux disparitions mondiales, j'ai retenu une affaire très ancienne au Royaume-Uni. Examinons les différentes explications envisageables.

Une vengeance ?

Le passé trouble d'Owen Parfitt l'aurait-il rattrapé ? Ayant participé à plusieurs guerres, il avait certainement beaucoup tué, voire commis des atrocités. Surtout qu'étant jeune, il avait déjà la réputation d'être violent. Vu le sentiment d'impunité de certains individus au cours des conflits armés, c'est tout à fait possible. La vengeance étant un plat qui se mange froid, le descendant d'une des victimes d'Owen aurait pris sa revanche, des années plus tard. Ce soir de juin 1768, il aurait enlevé le vieillard devant son domicile avec l'aide de complices (les agriculteurs n'auraient rien vu, accaparés par leur travail).

Un crime crapuleux ?

De retour dans sa ville natale, Owen avait raconté avoir combattu des pirates en Afrique. Et qui dit pirates, dit trésor. Sur la fin de sa vie, Owen ne bénéficiait que d'une pension modeste, mais une rumeur a circulé : l'ancien aventurier aurait rapporté en secret un trésor à Shepton Mallet. Que ces ragots soient fondés ou non, des malfrats auraient enlevé l'infirme pour lui faire avouer l'endroit où était caché son magot. Il aurait ensuite été supprimé.

Un imposteur ?

Et si Owen était parti volontairement ? Était-il seulement celui qu'il prétendait être ? Rappelez-vous qu'à part Mary, personne ne l'avait reconnu à son retour. Très âgée, sa sœur n'avait peut-être plus très bonne mémoire. Si ça se trouve, elle avait même des doutes sur l'identité réelle de son frère, mais ces retrouvailles tardives l'arrangeaient : elle était heureuse de ne pas finir ses vieux jours seule. Le vrai Owen Parfitt aurait-il fait l'objet d'une usurpation d'identité, à l'instar du célèbre Martin Guerre qui a donné lieu à une retentissante affaire judiciaire dans la France du XVIe siècle ? Il est imaginable que le fils rebelle des Parfitt ait été tué au cours de sa carrière militaire, à l'autre bout du monde. Sachant que la photographie n'a été inventée qu'en 1839, n'importe qui ayant côtoyé Owen aurait pu se faire passer pour lui auprès de sa famille.

Dans ce dossier, les hypothèses sont donc nombreuses. Des mauvaises langues ont même insinué que Mary Parfitt se serait débarrassée de son frère encombrant (avec l'aide de Susannah Snook, sa voisine ?). Il existe également une autre explication, moins conventionnelle, que nous évoquerons dans la partie II du livre.

CAS N° 2

LE TRIANGLE DE BENNINGTON
ÉTATS-UNIS
1945

Les faits

Le Vermont est situé dans la région de la Nouvelle-Angleterre, au nord-est des États-Unis, à la frontière avec le Canada (Québec). C'est l'un des États les plus ruraux et les moins peuplés des USA. Il est cerné par le New Hampshire, le Massachussetts et l'État de New York. Petite bourgade d'environ 10 000 habitants, au sud-ouest du Vermont, Bennington jouxte le mont Glastenbury, dont l'altitude atteint 1 142 m. Couvert de forêts denses, le mont Glastenbury - qui fait partie des Appalaches - est considéré comme l'un des endroits les plus sauvages des USA.

Au XIXe siècle, la région de Glastenbury a été relativement prospère grâce à l'industrie du bois et la production de charbon. Des villages tels que Glastenbury (qui porte le même nom que le mont) ont poussé dans des coins reculés de la forêt. Au départ, ils étaient peuplés exclusivement de bûcherons. Par la suite, on a fait venir leurs familles, et quelques commerces ont vu le jour. Pour accéder à la bourgade isolée et rapporter les matières premières, on a construit en 1872 une voie de chemin de fer de quatorze kilomètres de long reliant Bennington à Glastenbury. Malheureusement, l'industrie du bois a décliné au fil des ans. Pour rentabiliser l'investissement ferroviaire et trouver de nouveaux revenus, Glastenbury s'est tournée vers le tourisme. L'idée était d'en faire un lieu de villégiature. On a ainsi transformé l'ancien logement des bûcherons en hôtel et le magasin en casino. Un système de tramway électrique a été mis en place sur l'ancienne voie ferrée afin de transporter les visiteurs. Si construire un casino dans ce lieu paumé pouvait paraître saugrenu, la première saison touristique - durant l'été 1898 - a été un succès. Glastenbury semblait avoir réussi sa reconversion, mais une terrible inondation a tout détruit à l'automne 1898. Étant donné qu'il était trop cher de reconstruire la voie de tramway, Glastenbury s'est retrouvée totalement coupée du monde. N'ayant plus d'avenir sur place, les habitants ont donc abandonné Glastenbury qui est devenue une véritable ville fantôme. Les bâtiments se sont délabrés et les ruines ont été envahies par la végétation…

Avant de parler des disparitions du Triangle de Bennington, évoquons deux affaires mystérieuses qui ont marqué Glastenbury à la fin du XIXᵉ siècle.

Henry McDowell (1892)

Irlandais fraîchement débarqué aux USA, Henry McDowell travaille dans une scierie proche de Glastenbury. Le 4 avril 1892, il a une altercation avec un collègue nommé John Crawley. Pris d'un coup de folie, McDowell lui fracasse le crâne avec une bûche, puis s'enfuit dans le Connecticut où, contre toute attente, il se rend à la police et explique confusément que des voix démoniaques lui ont ordonné de tuer Crawley. Résultat logique : McDowell est interné à l'asile de l'État du Vermont, à Waterbury, mais l'histoire n'est pas terminée. McDowell parvient ensuite à s'évader de l'établissement psychiatrique et disparaît dans la nature. La légende veut qu'il serait retourné se cacher sur le mont Glastenbury. Il hanterait encore les lieux aujourd'hui…

DISPARUS DANS LA NATURE (MONDE)

John Harbour (1897)

Habitant respectable de Woodford, John Harbour est père de quatre enfants. Le 1er octobre 1897, c'est le jour d'ouverture de la première saison de la chasse dans le Vermont, et Harbour va traquer le cerf avec son frère et un ami dans les collines au sud de Glastenbury. Harbour s'éloigne de ses partenaires un instant, quand, soudain, un coup de feu déchire le silence et on l'entend crier : « On m'a tiré dessus ! ». Affolés, le frère et l'ami se précipitent pour voir ce qui se passe, mais Harbour est introuvable. Ils le cherchent vainement toute la journée et ce n'est que le lendemain matin qu'ils tombent sur son cadavre, étendu sous un cèdre. Apparemment, Harbour a été assassiné dans des circonstances étranges. Son pistolet, chargé, est soigneusement posé à côté de lui. On a vraiment l'impression d'une mise en scène. Le plus bizarre, c'est que son corps est très loin du lieu où a été entendu le coup de feu et il n'y a aucune trace sur le sol. Vu que John n'a ni marché ni rampé jusqu'à cet endroit, il est évident qu'il a été transporté. D'accord, mais par qui ou par quoi ? Pourquoi le tueur aurait-il fait une chose pareille ? Ça n'a pas de sens. Le shérif du coin fait une enquête, mais ne trouve aucun indice. Faute de suspect, le meurtre de John Harbour restera non élucidé.

Nous aurons l'occasion de reparler ultérieurement de ces deux affaires ayant entaché l'histoire de Glastenbury. Passons maintenant en revue les cinq disparitions du Triangle de Bennington…

Première disparition : Middie Rivers (12/11/1945)

Tout démarre le 12 novembre 1945. Middie Rivers, 75 ans, est un guide de chasse en forme physique exceptionnelle pour son âge. Le temps est doux pour la saison et Rivers conduit quatre chasseurs de cerfs dans la montagne. Vers 16 h (notez l'heure, c'est important), Rivers ramène le groupe vers leur campement. À un endroit appelé Hell Hollow, Rivers part un peu devant les autres. Ces derniers pensent qu'ils vont le rattraper, mais lorsqu'ils atteignent le campement, le guide n'est pas là. Après l'avoir cherché sans succès, les chasseurs alertent les secours et, pour la première fois, on organise une énorme opération de *Search and Rescue* sur le mont Glastenbury. Y participent la police, la Garde nationale et même des boys scouts. Au départ, les autorités sont plutôt confiantes car Rivers connaît le mont Glastenbury comme sa poche. S'il y a une personne capable de survivre la nuit dans cette forêt, c'est bien lui, seulement, on n'aura plus jamais de ses nouvelles. On cherche intensivement Rivers durant trois jours, sans résultat. La seule chose qu'on ait trouvée, c'est une cartouche non percutée au fond d'un ruisseau, que le guide aurait pu faire tomber en se penchant pour boire, mais lui appartenait-elle vraiment ?

Commentaires sur l'affaire Middie Rivers

À l'époque, personne n'a compris ce qui est arrivé à Rivers. Il est impensable qu'il se soit égaré. Même s'il avait divagué dans la nature des suites d'une attaque cérébrale, on aurait retrouvé sa dépouille. Rivers n'a pas non plus été attaqué par un animal sauvage (tel un cougar), parce qu'on aurait fatalement trouvé une « scène de crime ». Un adulte se bat pour sa vie et on trouve des traces de lutte, du sang et des morceaux de chair sur le sol. De plus, Rivers disposait d'un moyen de défense (un fusil). Les équipiers de Rivers auraient entendu ses cris ou même des coups de feu. Notons qu'une arme à feu permet d'envoyer facilement des signaux de détresse. En cas de problème, Rivers aurait tiré en l'air pour attirer ses partenaires. Là, ç'a été le silence total.

Le scénario le plus vraisemblable, selon moi, est un accident de chasse maquillé après coup en disparition. Rivers aurait été abattu par erreur par l'un des chasseurs. Pour ne pas être inquiété par la justice, le groupe aurait enterré son cadavre et inventé cette histoire de disparition. Quoi qu'il en soit, personne n'a été accusé de faux témoignage par la police ou ne s'est jamais confessé, même des années après. Et l'affaire est restée irrésolue. La disparition de Middie Rivers aurait pu rester assez anecdotique, un banal fait divers, sauf que, presque un an plus tard, il se passe autre chose...

Deuxième disparition : Paula Welden (01/12/1946)

Quatrième fille de William Archibald Welden, un riche industriel du Connecticut, Paula Jean Welden est une jolie fille de 18 ans aux longs cheveux blonds. Étudiante en deuxième année à l'Université de Bennington (où elle se passionne pour l'art et la biologie), elle travaille à mi-temps au réfectoire, en parallèle de ses études. Ce dimanche 1er décembre 1946, Paula fait le service du midi au réfectoire, puis revient à la résidence universitaire dans la chambre qu'elle partage avec une autre étudiante dénommée Elizabeth Johnson. Selon sa colocataire, Paula a l'air préoccupée. Apparemment, elle n'est pas d'humeur à travailler ses cours, aussi, Elizabeth lui suggère d'aller faire un tour. L'idée séduit Paula qui est inscrite au club de randonnée de l'Université. Elle demande à des camarades s'ils veulent l'accompagner, mais ils ne sont pas disponibles. Il faut dire qu'il y a peu de monde sur le campus ce weekend-là. C'est Thanksgiving, une fête de famille populaire chez les Américains, et la plupart des étudiants sont rentrés chez eux. Paula annonce finalement à sa *roommate* qu'elle part se promener seule sur le Long Trail, un sentier de randonnée dont le départ n'est qu'à quelques kilomètres du campus. Elle compte s'y rendre en auto-stop. (À noter : le Long Trail est une section du célèbre sentier des Appalaches qui coupe le Vermont dans le sens vertical et passe à proximité du sommet du mont Glastenbury.)

Avant de partir, Paula change de vêtements. Elle enfile un jean, des baskets, et, détail important, une parka rouge avec une capuche en fourrure. Normalement, les étudiants qui rentrent après 23 h doivent signer un registre à l'entrée de la résidence universitaire. Paula ne prend pas la peine de remplir cette formalité et ça paraît normal : elle devrait être revenue bien avant le couvre-feu. En ce qui concerne la suite des évènements, on a une bonne connaissance du parcours de Paula grâce à de nombreux témoins.

Paula quitte le campus à 14 h 45. L'horaire est connu avec précision car Danny Fager, le propriétaire d'une station-service en face de l'Université, voit une jeune fille correspondant à sa description sortir du bâtiment. Vers 15 h, Paula fait de l'auto-stop jusqu'au départ du Long Trail. Louis Knapp, un habitant de Woodford, la transporte sur la Route d'État 9 et la dépose à environ quatre kilomètres du Long Trail. Selon Knapp, la jeune fille a somnolé pendant tout le voyage. Paula finit le trajet à pied jusqu'au départ du sentier. Entre 15 et 16 h, des personnes revenant de randonnée la croisent sur Harbour Road. Elle leur demande si le Long Trail est encore loin et où il mène. « Jusqu'au Canada ! » lui répondent-ils. Ernie Whitman, un des témoins, est digne de foi puisqu'il travaille au *Bennington Banner*, le journal local. Les randonneurs font remarquer à Paula qu'elle n'est pas suffisamment couverte. De plus, elle n'a ni eau ni nourriture, mais l'étudiante n'en fait qu'à sa tête. Même s'il est déjà tard - une heure avant le coucher du soleil - Paula s'éloigne seule sur le sentier en direction du mont Glastenbury. Un couple de personnes âgées qui marche 90 m derrière elle la voit tourner à un angle du sentier, mais quand ils arrivent au même endroit, un instant plus tard, elle a disparu. Paula s'évapore ainsi sur le Long Trail aux alentours de 16 h.

Ne voyant pas Paula revenir le dimanche soir, Elizabeth Johnson, sa camarade de chambre, ne s'inquiète pas outre mesure. Elle se dit que sa colocataire est allée étudier à la bibliothèque ou qu'elle est sortie avec des amis sans respecter le couvre-feu de 23 h. Ne voulant pas lui attirer d'ennuis, Elizabeth garde le silence, mais le lundi 2 décembre 1946 au matin, Paula n'est toujours pas rentrée, et Elizabeth prévient la direction de l'Université. Après que l'établissement a été fouillé de fond en comble sans résultat, le Directeur de l'Université téléphone lui-même à M. et Mme Welden dans le Connecticut pour savoir si Paula est chez eux. Proche de sa fille, William Welden se rend immédiatement dans le Vermont. Pendant ce temps, la police locale (c'est-à-dire, le shérif du Comté) commence à enquêter sur la disparition de la randonneuse. Homme influent, M. Welden fait marcher ses relations. Comme Bennington est une petite bourgade et qu'il n'y a pas de police d'État dans le Vermont, M. Welden fait venir des hommes de la Police d'État du Connecticut, qui est considérée à l'époque comme la meilleure force de police des États-Unis. Le père de Paula met sur pied une opération massive de *Search and Rescue*. Un maximum de moyens sont déployés. Des centaines d'hommes prennent part aux recherches. L'Université ferme même ses portes plusieurs jours pour que le personnel et les étudiants puissent aider les secours. Pour la première fois, on utilise un hélicoptère pour retrouver une personne disparue dans le Vermont.

Pendant deux semaines, on passe le Long Trail au peigne fin, ainsi que les sentiers secondaires. Chaque centimètre carré des bois est fouillé jusqu'à Glastenbury, seize kilomètres au nord et également vers le sud, jusqu'à Williamsburg dans le Massachussetts, mais on ne trouve pas la moindre trace de Paula. Pas de corps. Pas de vêtement. Pas d'indice. Rien. C'est comme si elle s'était dématérialisée en pénétrant dans cette forêt. Coïncidence troublante : avant de s'envoler, Paula a marché sur Harbour Road, tout près du lieu où John Harbour avait été mystérieusement assassiné en 1897 (la route porte son nom en hommage à sa mémoire). Le plus étonnant, c'est qu'elle portait une parka rouge, repérable de loin dans la neige. En effet, il a neigé dès le premier soir des recherches. Dès lors, l'affaire Paula Welden fait l'objet d'une forte médiatisation, y compris au niveau national. Le Gouverneur du Vermont demande l'aide du FBI qui promet une récompense de 5 000 dollars à quiconque offrira un tuyau permettant de retrouver Paula vivante, mais ça ne sert à rien. L'échec est total et les critiques ne tardent pas à fuser. On pointe du doigt les méthodes désorganisées des équipes de recherche. La police locale en prend aussi pour son grade. Incompétent, le shérif n'avait visiblement pas assez d'expérience pour gérer une affaire de cette ampleur. Pire, des erreurs grossières ont été commises : rien n'a été conservé des dix premiers jours d'enquête. Les policiers disent souvent que le retard perdu au départ d'une enquête ne se rattrape jamais, et ça va ici se vérifier. Passé le choc de la disparition, c'est l'incompréhension. Tout le monde se pose des questions, y compris la police. Les enquêteurs se demandent même si c'est vraiment Paula que les témoins ont vue le 1er décembre après-midi. En bref, on ne saura jamais quelles ont été les dernières heures de l'étudiante.

DISPARUS DANS LA NATURE (MONDE)

Commentaires sur l'affaire Paula Welden

Si Paula a vraisemblablement connu un destin funeste dans les bois le 1er décembre 1946, ne pas avoir retrouvé son corps a alimenté quantité de rumeurs. Parcourons toutes les hypothèses évoquées à l'époque :

- **L'hypothermie :** c'est la cause n° 1 des disparitions. Paula serait morte de froid, après s'être égarée. Les températures deviennent négatives la nuit dans le Vermont. On n'aurait jamais retrouvé son corps en raison d'un phénomène appelé *Terminal burrowing* ou enfouissement terminal : en cas d'hypothermie sévère, un être humain aurait comme dernier réflexe de survie de s'enterrer ou de s'enfouir sous des feuilles, pour se réchauffer.

- **L'accident :** Paula serait tombée dans un endroit inaccessible. Étant donné que la forêt est très dense, on peut ne jamais retrouver un cadavre.

- **La disparition volontaire :** si Paula n'avait pas de petit ami connu, sa camarade Elizabeth Johnson a déclaré à la police que, peu de temps avant de disparaître, elle s'était disputée avec son père au sujet d'une relation sentimentale. Il semblerait que Paula avait rencontré quelqu'un et que M. Welden réprouvait cette liaison. C'est pour cette raison que Paula n'était pas rentrée dans sa famille à Thanksgiving. Le dimanche 1er décembre 1946, Paula aurait ainsi rejoint ce mystérieux fiancé sur le Long Trail, et ils auraient quitté ensemble le pays pour refaire leur vie au Canada. Pourquoi pas ? Ce scénario fonctionne sur le papier, seulement, j'ai du mal à y croire en raison de plusieurs détails : c'est Elizabeth qui a suggéré à son amie d'aller se promener, et, dans un premier temps, Paula a proposé à d'autres camarades de l'accompagner. S'ils avaient accepté, comment aurait-elle mis son plan à exécution ? En outre, Paula a dormi à bord de la voiture de Louis Knapp qui l'a prise en stop. Ça ne ressemble pas au comportement de quelqu'un qui s'enfuit (on devrait être, au contraire, excessivement nerveux). Enfin, Paula n'a rien emporté avec elle et on ne l'a revue nulle part par la suite.

Reste la possibilité d'un suicide. D'après son amie, Paula semblait tracassée en revenant du réfectoire. Souffrait-elle de dépression ? Impossible de se prononcer, car personne n'a eu accès à son dossier médical. Au cours de sa balade, Paula aurait pu décider sur un coup de tête de faire une marche-suicide. En bonne condition physique, elle se serait enfoncée profondément dans les bois, avant de succomber aux éléments.

Citons une rumeur, encore plus folle, ayant émergé : Paula aurait tout quitté pour vivre en recluse dans la montagne. On peut éliminer raisonnablement cette possibilité. Issue d'une riche famille de la Nouvelle Angleterre, Paula était probablement habituée à un certain confort, je l'imagine mal vivre en ermite dans les bois.

Pour compliquer encore un peu plus l'équation, plusieurs témoins ont affirmé avoir revu Paula Welden après sa disparition. Un conducteur de train l'aurait aperçue en Caroline du sud, mais, après vérification, on s'est rendu compte qu'il avait fait erreur. Une serveuse d'un restaurant de Fall River, dans le Massachussetts (à 300 km de Bennington) a certifié avoir servi une femme agitée ressemblant à Paula. Suite à ce signalement, M. Welden s'est absenté 36 heures, sans rien dire à personne. Pour vérifier sur place ? Cette attitude a généré de la suspicion à son égard, ce qui nous renvoie à la piste suivante...

- **La piste familiale :** Paula et son père s'étaient apparemment disputés peu de temps auparavant au sujet d'une relation sentimentale. M. Welden aurait-il joué un rôle dans la disparition de sa fille ? Vu son statut social élevé, il aurait bénéficié de protections de la part de la justice. J'en doute, parce qu'il avait un alibi solide au moment des faits (il était dans le Connecticut). Quoi qu'il en soit, certains ont déploré que cette piste n'ait pas été davantage creusée. M. Welden a, de son côté, accusé un fiancé secret d'avoir assassiné sa fille. Léger souci : c'est un médium qui lui aurait fait cette révélation et M. Welden a évidemment été incapable de prouver quoi que ce soit. En ce qui concerne la piste familiale, il est ardu d'y voir clair car Elizabeth Johnson, la *roommate*, a, plus tard, changé de version. Elle a expliqué que Paula était restée sur le campus le week-end de Thanksgiving, non pas en raison d'une brouille avec son père, mais pour passer plus de temps avec ses nouveaux amis…

- La piste criminelle : quand on examine les faits, la probabilité que Paula Welden ait fait une mauvaise rencontre sur le Long Trail est assez élevée. Elle aurait été victime d'un crime de rôdeur, ou bien sûr, d'un tueur en série (nous développerons cette théorie plus loin). Son cadavre aurait été enterré sur place, quoique je sois plutôt sceptique : creuser un trou dans un sol gelé est-il vraiment faisable ? J'ai pensé à un autre scénario : si l'on n'a pas retrouvé son corps dans la forêt, c'est peut-être tout simplement parce qu'il ne s'y trouvait pas. Et si Paula avait été attaquée en *revenant* à Bennington ? Elle se serait promenée sans problème sur le Long Trail, puis elle aurait refait de l'autostop pour rentrer à l'Université, comme à l'aller. Seule, la nuit, au bord de la route, elle aurait fait une mauvaise rencontre. Un automobiliste ou un routier l'aurait emmenée loin du secteur, après l'avoir neutralisée. Le kidnappeur aurait même pu passer dans l'État de New York, très proche. Sachant que les différentes juridictions de police coopéraient peu à l'époque, c'était facile pour les criminels de passer entre les mailles du filet. Paula aurait-elle été victime d'un crime infâme ? Impossible de le savoir. Pas de corps, pas de crime.

Pour parachever le tout, cette affaire a également comporté son lot de fausses déclarations et de déceptions. En 1955, un bûcheron a confié à un ami savoir où Paula était enterrée. Sommé de s'expliquer par la justice, l'homme a finalement avoué avoir menti. Autre piste intéressante : treize ans plus tard, on a découvert un squelette à Adams, dans le Massachussetts, à moins de 50 km de Bennington. Bien entendu, les enquêteurs s'y sont intéressés, mais quand les résultats d'analyse sont tombés, ç'a été la déception. Les ossements étaient trop anciens pour appartenir à Paula.

En conclusion, l'affaire Paula Welden est devenue l'un des *cold cases* les plus fascinants de l'histoire des États-Unis. La seule note positive, c'est qu'elle a conduit à la création de la police d'État du Vermont en juillet 1946.

Troisième disparition : James Tedford (01/12/1949)

Début 1947, la région de Bennington reprend une vie normale. Les années défilent et rien ne se passe, jusqu'au 1er décembre 1949. Trois ans, jour pour jour, après la disparition de Paula. Âgé de 65 ans, James Tedford est un vétéran des deux Guerres mondiales qui réside à Bennington dans la Maison des Anciens Combattants. Ce 1er décembre 1949, il a rendu visite à des proches à St Albans, au nord-ouest du Vermont, et il prend un bus pour rentrer chez lui. Rien de plus banal. Pour rallier Bennington, le bus emprunte la US Highway 7 qui longe la forêt nationale de Green Mountain. L'itinéraire passe très près de Glastenbury. D'une durée habituelle de huit heures, le temps de route est plus long ce jour-là, car il a neigé. À l'arrêt précédant celui de Bennington, James Tedford est vu dans le bus par quatorze témoins, mais, aussi incroyable que cela puisse paraître, lorsque le véhicule atteint le terminus, Tedford n'est plus à bord !

Selon toute apparence, le sexagénaire a disparu au cours du voyage, pendant que le bus roulait. Le plus troublant, c'est qu'on a retrouvé ses affaires sur le porte-bagages. Tedford se serait évaporé sur son siège pendant le trajet. Des passagers ont même précisé qu'il était en train de dormir. Le conducteur du bus, quant à lui, a déclaré ne pas avoir la moindre idée de ce qui avait pu se passer. L'affaire a eu beau faire les choux gras de la presse, on n'a plus jamais revu James Tedford.

Commentaires sur l'affaire James Tedford

Même si Tedford n'a pas disparu dans la nature comme les autres, ce cas est très intrigant. Un passager qui se désintègre à l'intérieur d'un bus en mouvement, ça ressemble à un épisode de *La Quatrième Dimension*. C'est tellement étrange que certains ont même douté de l'existence de James Tedford. Des recherches ont néanmoins confirmé qu'il faisait bien partie de la liste des anciens combattants. Hypothèse la plus logique : Tedford aurait choisi de disparaître. Il souffrait probablement de stress post-traumatique et avait perdu sa femme. Le vieil homme serait descendu du bus en catimini et se serait laissé mourir dans la forêt. Des passagers ont garanti l'avoir vu à bord, cependant, on connaît la fragilité du témoignage oculaire humain. La Maison des Anciens Combattants n'a signalé l'absence de Tedford qu'une semaine plus tard et les témoins ont très bien pu faire erreur. Néanmoins, que cette nouvelle disparition inexpliquée soit survenue à la date d'anniversaire de celle de Paula Welden reste très troublant.

Quatrième disparition : Paul Jepson (12/10/1950)

M. et Mme Jepson travaillent comme gardiens d'une décharge à Bennington. Ils ont un fils de 8 ans prénommé Paul. Le 12 octobre 1950, en milieu d'après-midi, Paul accompagne sa mère qui va s'occuper de cochons. Mme Jepson lui demande de l'attendre dans son camion pick-up, le temps qu'elle change les animaux d'enclos, mais, quand elle revient à son véhicule, Paul n'est plus là. Détail important : il portait un manteau rouge. La police et les pompiers de Bennington se mobilisent rapidement pour retrouver l'enfant. Le secteur est ratissé de long en large, en pure perte. Coup du sort : la météo se dégrade. Il pleut énormément sur la région, ce qui complique le travail des équipes de recherche. On fait venir le meilleur limier de la Police d'État du New Hampshire. Très expérimenté, le chien trouve l'odeur de Paul sur la route et remonte sa piste olfactive sur plusieurs kilomètres vers le nord. Manque de chance, il perd brutalement l'odeur à l'intersection d'East et Chapel Roads. La faute à la pluie qui aurait lessivé le sol ? Un point demeure curieux : l'enfant serait passé au même endroit que Paula Welden. Où est passé le petit Paul ? Que lui est-il arrivé ? Bien malin qui pourrait le dire. Son dossier est allé rejoindre les autres cold cases du Vermont.

Commentaires sur l'affaire Paul Jepson

La disparition de Paul Jepson a, une nouvelle fois, laissé tout le monde perplexe à Bennington. Des rumeurs n'ont pas manqué de circuler. Paul aurait pu être victime d'un accident épouvantable : il serait descendu du camion et se serait fait dévorer par les cochons. L'affaire a fait couler beaucoup d'encre dans la presse, et un journal a même suggéré un scénario encore plus horrible : Paul aurait été victime d'un homicide parental, et ses géniteurs auraient donné son corps en pâture aux cochons pour le faire disparaître. Très voraces, les porcs sont capables d'engloutir intégralement un être humain (cette méthode est utilisée par la mafia). Personnellement, je n'y crois pas. Le fait que la piste olfactive de Paul se soit brusquement interrompue à l'intersection d'East et Chapel Roads implique qu'il a été kidnappé à cet endroit précis. Si l'on reconstitue le cours des évènements, Paul est descendu volontairement du pick-up de sa mère. Je n'imagine pas que quelqu'un l'ait attrapé dans le camion parce que Mme Jepson aurait entendu son fils crier. Pour une raison inconnue, l'enfant est parti seul à pied vers le nord. C'est indéniable car le chien a flairé son odeur sur la route. À l'intersection d'East et Chapel Roads, un pervers a embarqué Paul, de force ou par la ruse, dans son véhicule.

Si je privilégie la piste criminelle dans ce dossier, plusieurs détails demeurent néanmoins très étranges. M. Jepson, le père de Paul, a déclaré que, dans les jours précédant sa disparition, son fils semblait avoir une véritable obsession pour le mont Glastenbury. Il répétait sans cesse vouloir aller dans la montagne, et c'est bien la direction qu'il a prise. En plus de la ressemblance de prénoms (Paul/Paula), j'ai remarqué une triple connexion entre Paul Jepson et Paula Welden : ils sont passés sur la même route avant de s'envoler, ils ont disparu dans le même créneau horaire (entre 15 et 16 h), et surtout, ils portaient tous les deux un manteau de couleur rouge.

Cinquième disparition : Frieda Langer (28/10/1950)

Il n'y a rien de pire que les drames affectant les enfants. À Bennington, la population locale est encore sous le choc de la disparition de Paul Jepson, quand un nouvel évènement inquiétant se produit, seize jours plus tard. Frieda Langer, 53 ans, campe en famille près de Somerset, au nord-est de Bennington. Habituée des lieux, Frieda adore la vie en plein air et sait manier les armes à feu. En milieu d'après-midi, elle part se promener en forêt, à proximité du réservoir de Somerset, avec son cousin Herbert. Max, son mari, ne les accompagne pas à cause d'un problème de genou. Tandis qu'elle essaye de traverser un ruisseau, à environ 800 m de leur campement, Frieda glisse et tombe à l'eau. Trempée, elle demande à son cousin de l'attendre, le temps qu'elle retourne se changer. Elle lui assure qu'elle n'en a pas pour longtemps, car elle emprunte un raccourci à travers les bois. Son cousin accepte. Il est 15 h 50 quand elle le quitte. On ne la reverra plus. Herbert attend quelques dizaines de minutes, puis retourne au campement, où Max, le mari de Frieda, tombe des nues. Il n'a pas revu sa femme.

Les autorités sont vite saisies. Rendues nerveuses par l'affaire Paul Jepson, deux semaines plus tôt, elles mettent le paquet. Le mot d'ordre de l'opération est : « Trouvez ce corps ! » D'importants moyens aériens (hélicoptères, hydravions) sont déployés et on fait venir la troupe. Des fouilles minutieuses sont menées par 400 personnes qui arpentent la zone en ligne, épaules contre épaules. Pour la première fois, on instaure un système de double vérification : quand une première équipe a inspecté un secteur, une deuxième équipe prend le relais et vérifie à nouveau. Mais les participants repartent bredouilles et on abandonne les recherches. Durant ce temps, la police s'intéresse aux proches de Frieda qui sont rapidement blanchis de tout soupçon. Ils ont passé avec succès le test du polygraphe, plus communément appelé détecteur de mensonges, une méthode ultra moderne pour l'époque. Bien vite, les investigations s'enlisent et c'est encore un fiasco.

Sept mois passent et un coup de théâtre survient : le 12 mai 1951, des chasseurs trouvent le corps de Frieda dans un champ herbeux, bien en vue, près du barrage du réservoir de Somerset. Le cadavre est autopsié, mais vu son état de décomposition avancée, les légistes sont incapables de déterminer la cause exacte de la mort. Le petit problème, c'est que le corps de Frieda a été trouvé dans un périmètre qui avait été passé au peigne fin en octobre 1950. Non pas une ou deux fois. Cinq fois ! Et il n'était pas là. Il est inconcevable qu'on l'ait loupé, alors, comment a-t-il pu réapparaître à cet endroit ?

Commentaires sur l'affaire Frieda Langer

Ne tournons pas autour du pot, Frieda Langer a été victime d'un homicide volontaire ou d'un phénomène extérieur inconnu. L'explication la plus logique est qu'elle a été assassinée, et que quelqu'un – ou quelque chose – s'est débarrassé de sa dépouille, sept mois après les faits. Pourquoi faire une chose pareille ? Ça ne rime à rien, cependant, nous tenterons d'apporter des réponses ultérieurement.

*

* *

Nous venons donc de passer en revue les cinq disparitions non élucidées du Triangle de Bennington, le surnom donné à cette région par l'auteur américain Joseph Citro. En général, on dit que la série prend fin en 1950 avec le cas de Frieda Langer. En effet, il n'y a plus eu aucune disparition par la suite autour de Bennington. C'est, selon moi, un élément capital du dossier. Si l'on connaissait la raison pour laquelle tout s'est arrêté en 1950, je suis persuadé qu'on résoudrait le mystère. On en reparlera dans la conclusion. Dans l'immédiat, tentons de faire la lumière sur cette énigme...

Commentaires sur le dossier global

Énumérons les explications rationnelles envisageables pour les disparitions du Triangle de Bennington :

- **Désorientation :** les cinq disparus se seraient tous perdus sur le mont Glastenbury à cause des vents violents qui changent constamment de direction et font perdre tout repère aux promeneurs.

- **Chutes dans des anciens puits :** ils seraient tous tombés dans des vieux puits dont l'entrée était masquée par des feuilles mortes. Théorie pertinente, sauf qu'on n'a jamais trouvé de puits dans le secteur. De plus, quand quelqu'un tombe au fond d'un trou, il appelle à l'aide. Étant donné que des centaines de personnes ont sillonné les bois, comment se fait-il que personne n'ait rien entendu ? Surtout qu'en forêt, les sons portent très loin.

- **Fuites et suicides :** pour James Tedford, le vétéran de guerre, c'est fort possible. Pour les autres, j'en doute.

- **Attaques par des animaux sauvages :** même si les agressions sont rares - on comptabilise une vingtaine de victimes en Amérique du Nord depuis le début du XXe siècle - les cougars ou lions des montagnes peuvent s'en prendre à l'homme. Ces grands félins visent surtout des proies isolées et en détresse, comme un randonneur perdu par exemple. L'écueil de cette hypothèse est qu'on n'a jamais repéré de traces de sang, qui sautent aux yeux dans la neige.

- **Disparitions d'origine criminelle :** des enlèvements sont possibles dans les cas Welden, Jepson et Langer (le hic, c'est qu'aucune rançon n'a jamais été réclamée). Des meurtres multiples également. On a parlé de « L'Éventreur de Bennington » ou du « Tueur fou du Long Trail ». Vu qu'après-guerre, le phénomène des *serial killers* était très méconnu et les shérifs peu expérimentés, un tueur récidiviste aurait effectivement pu être actif dans le Vermont.

Arguments en faveur de la théorie du tueur en série

Toutes les disparitions sont survenues en automne durant les trois derniers mois de l'année (octobre, novembre et décembre). Un psychopathe aurait pu être présent à Glastenbury seulement à cette période pour la saison de la chasse ou un travail saisonnier. Deux disparitions ont eu lieu un 1er décembre. Cette date a-t-elle été choisie pour fêter un anniversaire ? Les drames ont eu lieu à chaque fois l'après-midi, entre 15 et 16 h. Ces éléments laissent penser à un rituel, un *pattern* de comportement ou un mode opératoire particulier (un tueur procède souvent de la même manière pour tuer). En outre, le seul corps qu'on a retrouvé, celui de Frieda Langer, a été déposé sept mois plus tard dans un lieu précédemment fouillé. Était-ce pour narguer la police ou choquer la famille ? Les psychopathes prennent plaisir à infliger de la souffrance morale. De plus, tout a cessé en 1950. Le tueur aurait-il déménagé dans une autre région ou changé de vie ? De la même façon, le criminel a pu être emprisonné pour d'autres faits, voire mourir. En clair, il aurait emporté ses secrets dans la tombe.

Arguments contre la théorie du tueur en série

Contrairement à une idée reçue, il n'est pas forcément facile de commettre un crime en pleine nature. Un *serial killer* ne va pas faire le pied de grue pendant des heures sur un sentier et attendre qu'une victime potentielle passe, car il risque d'être repéré. Et pourquoi n'a-t-on jamais trouvé d'indice ou d'empreinte ? Le tueur de Bennington n'aurait jamais échoué. Zéro erreur. Zéro témoin. Ça pose question, car aucune activité humaine n'a un taux de réussite de 100 %, mais l'argument massue qui fragilise cette théorie, c'est le profil des victimes, très différentes les unes des autres (hommes, femmes, jeunes, vieux). Une telle diversité est rare chez les *serial killers* qui ciblent généralement un type précis de victimes et ne s'en prennent pas aux autres, même s'il existe bien sûr des exceptions.

Depuis près de 70 ans, quantité de policiers, journalistes et auteurs se sont penchés sur le Triangle de Bennington, néanmoins, personne n'a trouvé la clé de l'énigme. Avant de passer à la conclusion, il faut que vous sachiez que Bennington est considérée depuis des siècles comme une zone à haute activité paranormale, ce qui contribue à donner une saveur encore plus énigmatique à ces cinq disparitions.

Un « hot spot » pour les phénomènes paranormaux

Le mont Glastenbury n'est rien moins que la région la plus hantée du Vermont. Avant l'arrivée des Européens en Amérique, les Indiens Algonquiens ou Micmacs évitaient déjà cette montagne, qu'ils jugeaient maudite. Ils y ressentaient une « présence sombre et maléfique ». D'après eux, il existait également sur le mont Glastenbury une roche envoûtée qui avalait les promeneurs imprudents. Par la suite, les colons ont rapporté avoir perçu des odeurs et des sons non identifiés provenant de la forêt. Des habitants du coin tombaient malades sans raison, voire devenaient fous. Aujourd'hui encore, on aperçoit des lumières étranges dans le ciel, des fantômes et des créatures inconnues. Riche en folklore, la région a toujours eu une mauvaise réputation, et des gens ont immanquablement attribué une cause surnaturelle aux cinq disparitions irrésolues de 1945-1950.

DISPARUS DANS LA NATURE (MONDE)

Conclusion sur le dossier global

Toutes les disparitions du Triangle de Bennington pourraient, en fait, s'expliquer assez simplement. Vue sa topographie accidentée, certains s'étonnent qu'il n'y ait pas eu plus de personnes disparues dans le secteur. On aurait assisté, en quelque sorte, à une série noire entre 1945 et 1950. La faute à pas de chance. L'enchaînement de ces faits divers et leurs points communs troublants pourraient n'être que de strictes coïncidences. Dans un climat de psychose collective, les esprits se seraient échauffés, et on aurait imaginé une zone similaire au Triangle des Bermudes. Pourtant, la science des probabilités fait que des drames, indépendants les uns des autres, peuvent se suivre de façon rapprochée. Par exemple : trois crashs aériens se sont produits en une semaine, en juillet 2014. Même si elle est faible, la probabilité d'apparition de tels phénomènes est possible. Notre impression d'une loi des séries ne serait qu'une vue de l'esprit. L'homme a besoin de trouver du sens à tout. Il aime créer des connexions entre les choses, parfois sans lien entre elles. À titre d'exemple : peut-être était-ce la mode de porter du rouge après-guerre, voilà pourquoi deux des victimes étaient vêtues de rouge.

Ce dont je suis convaincu, c'est que ces disparitions sont dues à des causes multiples. Récapitulons : Middie Rivers (accident de chasse), Paula Welden (enlèvement), James Tedford (suicide), Paul Jepson (enlèvement), Frieda Langer (meurtre). Même s'il y a beaucoup de coïncidences troublantes, l'élément central qui me fait dire qu'il n'y a rien de surnaturel dans ces disparitions, c'est qu'elles aient toutes cessé en 1950. De mon point de vue, cet arrêt brutal implique une action humaine, cependant, je dois reconnaître que deux théories paranormales tiennent la route, si on est suffisamment ouvert d'esprit pour accepter l'idée des cryptides et des extraterrestres. Nous les étudierons dans la partie II.

LIONEL CAMY

DISPARUS DANS LA NATURE (MONDE)

CAS N° 3

LE GROUPE DE DYATLOV
RUSSIE
1959

Les faits

Nous sommes le 23 janvier 1959, à Sverdlovsk, sur le flanc est de l'Oural, à environ 1 700 km à l'est de Moscou. En pleine ère soviétique, Sverdlovsk est une cité industrielle grisâtre abritant de nombreuses usines d'armement, ainsi qu'une prestigieuse école qui forme l'élite des ingénieurs en URSS : l'Institut Polytechnique de l'Oural (IPO).

En ce début d'année, dix étudiants de l'IPO programment une randonnée à ski de fond d'environ cent kilomètres. Le projet consiste à rallier le mont Otorten, dans le nord de l'Oural, qui compte parmi les zones les plus inhospitalières de la planète. Le meneur du groupe est un étudiant en ingénierie radio du nom d'Igor Dyatlov. Front haut, pommettes saillantes, petits yeux presque bridés, le jeune homme a un visage typiquement slave. À 23 ans (la moyenne d'âge du groupe), Igor est un sportif expérimenté. C'est lui qui a organisé l'expédition. Le trek en ski de fond est classé catégorie III - la plus difficile - mais tous les participants sont d'excellents skieurs. Citons leurs noms : Igor Dyatlov, Zinaïda « Zina » Kolmogorova (l'une des deux femmes du groupe), Lioudmila Doubinina (l'autre femme), Alexandre Kolevatov, Roustem Slobodine, Gueorgui Krivonichtchenko, Iouri Dorochenko, Nikolaï Thibeaux-Brignolles, Alexander Zolotarev et Iouri Ioudine. Les dix camarades appartiennent à la future élite de l'URSS. Ce qui rend cette affaire exceptionnelle, c'est qu'ils ont emporté avec eux des appareils photo. Un grand nombre de clichés noirs et blancs - de bonne qualité pour l'époque - vont être pris au cours de la randonnée. Si l'on croise ces photos avec les journaux de bord tenus par plusieurs membres du groupe, on peut reconstituer fidèlement le cours des évènements jusqu'à l'instant fatidique.

Le 23 janvier 1959, le groupe mené par Dyatlov quitte la ville de Sverdlovsk en train. Direction : le nord de la chaîne montagneuse de l'Oural. Les randonneurs arrivent à Ivdel vers minuit, le surlendemain. Le 25 janvier, ils rejoignent en bus Vizhay, un village de bûcherons, dernier bastion de la civilisation avant les immenses étendues désertiques proches de la Sibérie Occidentale. C'est dans ces territoires au climat hostile que le redoutable système soviétique envoie à l'époque ses prisonniers au goulag. Le 26 janvier, le groupe va en camion jusqu'au Secteur 41, point de départ de la randonnée, où il fait la fête jusqu'au bout de la nuit.

Le 27 janvier 1959, la vraie aventure démarre enfin. Les étudiants partent à ski de fond vers le nord. Le temps est froid, mais clément. Ils longent la Lozva - une rivière gelée - et atteignent un ancien site géologique, où ils passent la nuit. Dans le groupe, l'ambiance est au beau fixe, comme en témoignent les sourires sur les photos souvenirs. Le 28 janvier, ils repartent, mais Iouri Ioudine, l'un des skieurs, est obligé de rebrousser chemin à cause de douleurs dorsales. C'est à contrecœur qu'il quitte ses amis et repart seul en sens inverse. Iouri l'ignore, mais sa santé fragile va lui sauver la vie. Il sera la dernière personne à voir les membres du groupe de Dyatlov vivants. Les neuf randonneurs reprennent leur progression vers le nord, sans Iouri. Le 30 janvier, le terrain devient vraiment difficile et la neige de plus en plus profonde. À en croire les symboles en bois pris en photo sur les arbres, ils pénètrent en territoire Mansi, une tribu autochtone de la région. Le 1er février 1959, la dernière journée du groupe, Dyatlov et ses camarades construisent le matin un abri pour y stocker des affaires. Ils allègent leurs sacs avant de s'élancer vers leur destination finale : le mont Otorten. (Notez qu'en Mansi, Otorten signifie « N'y allez pas ! ») Ils skient toute l'après-midi, mais une tempête de neige s'abat sur la zone et la visibilité devient médiocre. Sur l'une des dernières photos prises le 1er février 1959, on voit les skieurs s'enfoncer en file indienne dans le blizzard. Vers 15 h, les sportifs sont contraints de s'arrêter sur le mont Kholat Syakhl, éloigné de seulement 10 km du mont Otorten. Ils montent leur tente sur la pente est, à environ 1 000 m d'altitude, afin d'y passer la nuit. L'endroit sera désormais connu sous le nom du col de Dyatlov. Vers 17 h, le soleil blafard se couche. On ignore ce qui se passe exactement par la suite. C'est le début d'un mystère qui dure depuis plus de cinquante ans…

Deux semaines plus tard, le 16 février 1959, Rufina Dyatlov, la sœur d'Igor, alerte la direction de l'Institut Polytechnique de l'Oural car le groupe n'est pas revenu comme prévu le 15 février. Nous sommes en Union Soviétique et l'administration ne réagit que le 20 février. Le même jour, Iouri Ioudine - qui était rentré directement dans sa famille à Emelyashevka le 28 janvier - revient à Sverdlovsk et apprend que ses compagnons ne sont pas rentrés. Le 22 février, un étudiant nommé Boris Slobtsov prend la tête d'une opération de recherche et de sauvetage dans le nord de l'Oural. D'importants renforts humains et aériens sont envoyés sur zone et on vérifie les itinéraires qu'auraient pu emprunter les disparus. Le 26 février après-midi, Slobtsov et un camarade progressent dans un paysage froid et lunaire. Ils sont sur le point de faire demi-tour, quand quelque chose accroche leur regard. Une tente, au milieu de nulle part. Personne autour. Ils vont voir et appellent leurs amis. N'obtenant que le silence pour seule réponse, ils examinent la toile de tente. Elle est déchirée et partiellement recouverte de neige. À l'intérieur, tout paraît normal. Vivres, matériel de camping, tout est en ordre. Des paires de bottes sont soigneusement rangées le long de la paroi. On a presque l'impression que leurs propriétaires vont revenir d'un moment à l'autre. Slobtsov et son équipier ressortent de la tente, perplexes. Où sont passés les randonneurs ?

Les autres groupes de recherche, accompagnés d'officiels russes, convergent vers le col de Dyatlov et inspectent le site. Constat inquiétant : la toile de tente n'est, en fait, pas déchirée. Elle a été lacérée avec une lame de couteau. Le campement des sportifs aurait-il été pris d'assaut durant la nuit ? L'examen poussé de la tente révèle une information encore plus perturbante : le tissu a été coupé *de l'intérieur*. Saboter son propre refuge n'a aucun sens, surtout quand la température extérieure frise les - 25 °C. Aux abords de la tente, on repère des traces d'urine dans la neige. Quelqu'un s'est visiblement soulagé la vessie. À une vingtaine de mètres, en dessous de la tente, on relève des séries d'empreintes sur la pente. Des pieds nus ou en chaussettes. La profondeur et l'inclinaison des empreintes démontrent que Dyatlov et ses amis sont partis en courant vers la vallée. Les secours sont déconcertés. Pour quelle raison ont-ils abandonné en urgence leur campement sans enfiler leurs bottes ? Détail capital : on ne repère aucune autre trace de pas dans la neige.

Les secours entreprennent de trouver les neuf disparus. Ils suivent la direction des empreintes, vite recouvertes de neige. Un kilomètre et demi plus bas, ils gagnent une petite forêt. À la lisière, près d'un grand cèdre, ils découvrent les restes d'un feu de camp. À proximité, ils remarquent avec effroi qu'un genou dépasse de la couverture neigeuse. Deux corps gisent côte à côte sur le sol glacé, face contre terre. Ceux de Krivonichtchenko et Dorochenko. Ils sont pieds nus et en sous-vêtements. C'est incompréhensible. Pourquoi ne sont-ils pas allés s'abriter dans la forêt toute proche ? Quelque chose ou quelqu'un les en aurait-il empêchés ? Un autre détail dans l'environnement déroute les sauveteurs : les branchettes du grand cèdre sont cassées sur les cinq premiers mètres du tronc. On en conclut que les randonneurs ont tenté de grimper dans l'arbre. Pour quoi faire ? Tenter de localiser leur tente ou échapper à une menace en se réfugiant en hauteur ? (À noter : on prélèvera des morceaux de tissus humains incrustés dans l'écorce de l'arbre.) Tandis que les secours remontent vers la tente, ils tombent sur un autre corps qu'ils n'avaient pas remarqué à l'aller. Celui d'Igor Dyatlov. Habillé d'une veste fourrée et d'un pantalon de ski, il ne porte pas ses chaussures. Il a succombé au froid, et une blessure à sa main suggère qu'il s'est battu. Plus loin, les sauveteurs trouvent Zina Kolmogorova - en chaussettes, comme Igor - et Slobodin. Les trois cadavres sont à la queue leu leu. Ils sont tous morts d'hypothermie, vraisemblablement en rampant vers la tente.

Le 1er mars 1959, Lev Ivanov arrive sur les lieux du drame pour conduire l'enquête officielle. Sa priorité est de retrouver les quatre skieurs manquants. Soldats de l'Armée rouge, policiers et volontaires de la tribu Mansi sondent la neige à l'aide de perches pour détecter des corps ensevelis sous la neige. Vu que les fouilles n'aboutissent à rien, Ivanov décide d'attendre la fonte des neiges au printemps.

Deux mois plus tard, le 4 mai 1959, on découvre les quatre derniers cadavres au fond d'un petit ravin de sept mètres de haut, à environ 75 m dans les bois. L'armée de l'air russe dépêche un avion sur place pour rapatrier les corps à Sverdlovsk, et un incident survient : le pilote refuse d'embarquer les corps à bord de son appareil en raison des éventuels risques de contamination toxique ou biologique. On fait donc venir des cercueils en zinc, et la suite va donner raison à l'aviateur : des tests sur les vêtements des skieurs font état de niveaux anormalement élevés de radiations. Pire, l'autopsie des corps révèle des blessures terrifiantes que le légiste compare à celles constatées lors des accidents de voiture. Thibeaux-Brignolles a le crâne fracassé, Zolotarev le thorax défoncé, Kolevatov une grave blessure à la tête (l'os crânien est visible) et les orbites oculaires vides. Le sommet de l'horreur est atteint avec Lioudmila Doubinina qui n'a plus ses yeux, ni sa langue. L'examen interne des corps indique que les os sont quasiment broyés, seulement, il n'y a aucune marque externe.

Dès lors, l'attitude des autorités russes devient suspecte. Elles font pression sur les familles pour ne pas organiser de funérailles, mais font machine arrière devant le tollé général. En mars 1959, près de mille personnes rendent hommage aux neuf victimes à Sverdlovsk. La cérémonie se déroule sous l'étroite surveillance d'agents du KGB en civil. Plus tard, des participants aux funérailles indiqueront que certains randonneurs avaient les cheveux gris et la peau brune, voire orange. Pour épaissir encore plus le mystère, la dernière photo prise par le groupe de Dyatlov est énigmatique : elle montre une lueur étrange dans la nuit. Si l'enquête officielle dirigée par Ivanov ne permet pas de déterminer les circonstances exactes de la mort des neuf skieurs, elle conclut qu'elle a été causée par « une force irrésistible et inconnue ». Dès la fin mai 1959, le dossier est classé et archivé, et, pendant trois ans, les autorités russes interdisent l'accès au mont Kholat Syakhl. À l'époque, la censure règne en maître et on ne parle plus de la tragédie. Il faudra attendre la dislocation de l'Union Soviétique dans les années 1990 pour que les archives soient déclassifiées, mais elles sont pratiquement vides. À la même période, Ivanov, l'ex-responsable de l'enquête, déclare dans une interview avoir reçu en 1957 des ordres de sa hiérarchie pour stopper ses investigations, et avoue croire en une explication paranormale (cf. un article du *Moscow Times* du 27 février 2013).

Que s'est-il passé sur le col de Dyatlov dans la nuit du 1er au 2 février 1959 ? Étant donné qu'il n'y a eu aucun rescapé, cette question reste encore sans réponse aujourd'hui.

<u>Commentaires</u>

L'incident du col de Dyatlov est incontestablement l'affaire la plus nébuleuse et fascinante de l'histoire de la Russie. Nous allons nous livrer à un exercice difficile : tenter d'y voir clair. La seule chose dont on soit certain, c'est qu'un évènement soudain et inattendu a obligé les neuf randonneurs à quitter précipitamment leur tente sans passer par l'ouverture. Ils ont lacéré leur toile de tente dans un mouvement de panique. En outre, sachant qu'ils n'ont pas pris le temps de s'habiller ou mettre leurs chaussures, ils ont été surpris dans la nuit ou tôt le matin. D'accord, mais par qui ou par quoi ? Les scénarios sont multiples :

Une agression extérieure ?

J'irai droit au but : le groupe de Dyatlov n'a été attaqué ni par des animaux sauvages ni par des hommes (autochtones ou évadés du goulag) parce que les cadavres ne présentaient pas de trace de morsure ou blessure par arme. Par contre, des oiseaux charognards ont probablement emporté les yeux et la langue de Lioudmila. Ceci dit, le fait que le Kremlin ait étouffé l'affaire au plus vite suggère que le KGB (service de renseignement soviétique) ou l'Armée rouge ont été directement responsables de la mort des neuf skieurs. Plusieurs cas de figure sont imaginables :

- **Une élimination ciblée :** un membre du groupe de Dyatlov aurait pu être un opposant politique ou en savoir trop (Kolevatov, par exemple, était étudiant en physique nucléaire). Après l'assassinat, le KGB aurait éliminé tous les témoins.

- **Des témoins gênants :** au mauvais endroit, au mauvais moment, les sportifs auraient vu ce qu'ils n'auraient pas dû voir. Un exercice militaire top secret ? Effectivement, l'Armée rouge testait souvent des armes dans la région. Dans ce scénario, certains auraient réussi à s'échapper (ils seraient morts de froid) et d'autres faits prisonniers. Les soldats les auraient emmenés dans un hélicoptère équipé de projecteurs (cf. les lumières dans le ciel nocturne), puis les auraient balancés par la porte de l'appareil (cf. les fractures terribles constatées lors de l'autopsie). L'hélicoptère transportait une caisse de munitions à l'uranium appauvri, ce qui expliquerait les traces de radiation relevées sur les vêtements des victimes.

N'allons pas plus loin, j'évacue toutes ces théories pour une raison simple : on n'a pas trouvé d'empreintes autres que celles des randonneurs dans la neige autour de la tente. Aucune tierce personne n'a donc posé le pied sur le mont Kholat Syakhl, la nuit du drame.

Une bagarre au sein du groupe ?

Vu que Zina Kolmogorova, l'une des deux femmes du groupe, était convoitée par plusieurs étudiants, notamment Igor Dyatlov (on a retrouvé une photo d'elle dans ses affaires), une dispute amoureuse aurait pu dégénérer. Igor se serait alors battu avec un rival, d'où sa blessure à la main. Hypothèse plausible, sauf qu'elle ne colle pas du tout avec les constatations faites sur place : aucun signe de lutte dans la tente, sans parler des blessures disproportionnées…

Un phénomène naturel ou météorologique ?

- **La théorie de l'avalanche :** une violente coulée de neige se serait déclenchée en pleine nuit. Des randonneurs auraient été gravement blessés pendant leur sommeil. En état de choc, ils auraient découpé le tissu avec un canif, car l'entrée était obstruée par la neige, et seraient sortis dans le blizzard. Incapables de revenir à la tente, quatre d'entre eux auraient fait une chute mortelle dans le petit ravin. Les autres seraient morts d'hypothermie. Avant de décéder, ils auraient essayé de se réchauffer en faisant un feu. Trop près des flammes, ils se seraient brûlés, et leur peau aurait pris une teinte brune. La couleur grise des cheveux aurait, elle, une explication médicale : ils peuvent blanchir en une nuit sous l'effet d'un stress intense. Cette théorie est convaincante sur le papier, cependant, j'ai du mal à croire à une avalanche meurtrière eu égard au faible dénivelé de la pente. La tente aurait forcément été emportée ou ensevelie sous des mètres de neige, et la ligne des arbres, en bas de la pente, aurait été endommagée…

- **La théorie des vents violents :** après dîner, les randonneurs se seraient déshabillés pour dormir, à part Dyatlov et Kolmogorova. L'un d'eux serait sorti de la tente pour assouvir un besoin naturel (cf. les traces d'urine aux abords de la tente), mais il aurait été emporté par les vents puissants. En effet, la vitesse des vents cette nuit-là était comparable à celle d'une tornade de catégorie F2 (180 à 250 km/h). En entendant les cris du malheureux, ses camarades seraient sortis l'aider, mais auraient tous été balayés, un par un, par les rafales. Dans l'incapacité de revenir à la tente à cause du vent, ils auraient tous péri. C'est peu probable, selon moi. Expérimentés et intelligents, ils ne seraient pas tous tombés dans le même piège. Et comment croire qu'aucun d'entre eux n'a enfilé ses bottes avant de sortir ?

- **La théorie des infrasons :** abandonner son refuge en sous-vêtements au cours d'une nuit glaciale est un acte fou, aussi, on peut se demander si les randonneurs n'ont pas soudainement perdu la tête. Et il existe une explication naturelle : les vents puissants sur le mont Kholat Syakhl pourraient générer des infrasons, c'est-à-dire des ondes sonores à très basse fréquence qui sont extrêmement nocives pour l'être humain. À haute dose, elles peuvent provoquer anxiété, voire même des attaques de panique. À cause de ces infrasons, les skieurs auraient pu ressentir le besoin irrépressible de sortir de la tente, et ils se seraient précipités vers une mort certaine.

Conclusion sur le dossier Dyatlov

Pour ma part, je privilégie l'hypothèse des infrasons, car j'ai la conviction que les neufs skieurs étaient seuls sur le col, et qu'ils se sont crus, à tort, en danger dans leur tente. En ce qui concerne les radiations enregistrées sur les vêtements, elles pourraient s'expliquer aisément : à l'époque, on se servait de lampes au thorium qui dégageaient des particules radioactives. À moins que la contamination n'ait eu lieu après coup ? Les cadavres auraient été entreposés dans un bâtiment militaire, à proximité d'une source radioactive. Le petit problème avec cette théorie, c'est qu'on n'a jamais constaté la formation d'infrasons sur le col de Dyatlov. De plus, s'il s'agissait d'un dramatique accident, pour quelle raison le Kremlin a-t-il fait peser une telle chape de plomb sur ce dossier ? Les communistes voulaient-ils juste censurer cet affreux fait divers ? Ces neuf étudiants morts dans des conditions terrifiantes risquaient de ternir l'image de la jeunesse soviétique triomphante que voulait véhiculer l'URSS. À moins que ça ne cache autre chose ?

Il faut savoir que de nombreux témoins ont aperçu d'étranges lueurs dans le ciel du nord de l'Oural, notamment le 1ᵉʳ février 1959.

Le père de Gueorgui Krivonichtchenko, l'une des neuf victimes, a déclaré que, lors des funérailles, des randonneurs lui ont confié avoir vu, la nuit fatale, une lumière extrêmement brillante près du mont Otorten (ils ont présumé qu'il s'agissait d'une fusée).

Des étudiants de l'Université de Géographie qui se trouvaient à 50 km du mont Kholat Syakhl ont, eux aussi, observé dans le ciel des orbes, ou sphères lumineuses.

Nous reparlerons de ces phénomènes aériens inexpliqués dans la partie II du livre. La seule certitude dans ce dossier, c'est que le plus grand mystère slave a encore de beaux jours devant lui…

DISPARUS DANS LA NATURE (MONDE)

CAS N° 4

MICHAEL ROCKEFELLER PAPOUASIE-NOUVELLE-GUINÉE 1961

Les faits

Né en 1938, Michael Rockefeller est le fils de Nelson Rockefeller, gouverneur de l'État de New York. Bien qu'il appartienne à l'une des familles les plus riches et puissantes de la planète, Michael a la fibre artistique et est passionné d'art tribal. Quelques années auparavant, il a contribué à la création du premier musée dédié aux arts premiers - le Museum of Primitive Art - à Manhattan. Même s'il a grandi dans un environnement privilégié et fait Harvard, Michael a l'âme d'un aventurier. En 1961, il saisit l'occasion de partir dans une contrée exotique en participant à une expédition du Musée d'archéologie et d'ethnologie Peabody en Nouvelle-Guinée néerlandaise, colonie des Pays-Bas.

Pays insulaire situé dans l'Océan Pacifique, au nord de l'Australie et à l'ouest des îles Salomon, la Nouvelle-Guinée abrite les tribus les plus isolées et méconnues de la planète. L'objectif de l'expédition Peabody est d'étudier en particulier la tribu Dani. Michael s'investit pleinement dans ce projet ethnologique et culturel. Sincère dans sa démarche, il prend part à la vie de la tribu, en toute humilité. À son retour aux États-Unis, Michael a déjà envie de repartir et il monte lui-même une nouvelle expédition, encore en Nouvelle-Guinée.

Les circonstances sont cette fois différentes. Il part juste avec un anthropologue nommé René Wassing. Les deux hommes comptent se rendre sur la côte sud-ouest de la Nouvelle-Guinée néerlandaise pour aller à la rencontre de la tribu Asmat.

Si les Danis sont une peuplade d'agriculteurs pacifiques, les Asmats sont, eux, des guerriers féroces aux visages peinturlurés. La culture Asmat est dominée par un principe de réciprocité. Selon eux, toute mort doit être contrebalancée par une autre. Cette loi du talion étant une obligation spirituelle, les Asmats n'hésitent pas à massacrer leurs ennemis et surtout, à manger leur chair pour gagner des pouvoirs surnaturels. Leur vie est un cycle éternel de violence, mais ça ne freine pas l'enthousiasme de Michael. Il a soif d'aventure et voit dans cette expédition l'occasion de comprendre la culture énigmatique des Asmats. Michael est-il inconscient ? À moins qu'il n'ait un sentiment - illusoire - d'invulnérabilité lié à son prestigieux nom de famille ? Quoi qu'il en soit, le jeune héritier s'immerge parfaitement dans la tribu Asmat. Après tout, ses hôtes ne pratiquent pas le cannibalisme pour se nourrir. Il s'agit avant tout d'un rituel spirituel. Le séjour de Michael et Wassing se déroule sans encombre, jusqu'au 17 novembre 1961.

Ce jour-là, ils empruntent un catamaran à moteur manœuvré par deux locaux. Ils sont en train de traverser l'estuaire d'une rivière qui se jette dans la mer Arafura, quand des vagues noient le moteur. Les autochtones tentent de le redémarrer, sans succès. Étant donné que l'embarcation part à la dérive vers le large, les deux Papous demandent à leurs passagers de rester à bord, le temps qu'ils aillent prévenir les secours, puis plongent à l'eau. L'horloge fait le tour du cadran et les Occidentaux attendent toujours. La côte est maintenant à environ 19 km. On la voit à peine à l'horizon. Le doute s'empare de Michael. Va-t-on venir les secourir ? Il annonce à Wassing qu'il va essayer de rejoindre la terre à la nage. Il est sportif, et, pour les Rockefeller, rien n'est impossible. Michael attache à sa taille deux bidons d'essence vides en guise de flotteurs. « Je crois que je peux y arriver. » dit-il à son ami, avant de sauter à l'eau. Michael commence à progresser vers la ligne noire à l'horizon. Depuis le catamaran, Wassing l'observe s'éloigner. C'est le début du mystère Michael Rockefeller.

Le lendemain, un bateau vient secourir Wassing qui explique que Michael est parti seul à la nage. Les autorités lancent une vaste opération de *Search and Rescue*. Le père de Michael et sa sœur Mary font le voyage depuis les USA. Pendant deux semaines, on fouille la mer Arafura, sans parvenir à localiser Michael. Les autorités en arrivent à la conclusion logique qu'il s'est noyé. Une autre rumeur, plus effrayante, voit le jour. Après avoir gagné le rivage, Michael serait tombé nez-à-nez avec une bande de cannibales affamés, mais le gouvernement néerlandais se veut rassurant. Il déclare que cette pratique est révolue en Nouvelle-Guinée. En train de préparer l'indépendance de leur colonie, les Pays-Bas ne souhaitent probablement pas en faire une mauvaise publicité.

En 1964, soit trois ans après les faits, Michael Rockefeller est déclaré officiellement mort, mais sa disparition mystérieuse va se transformer en véritable légende au fil des décennies, et beaucoup de personnes vont mener l'enquête pour connaître la vérité. En 1969, Milt Machlin, journaliste du magazine *Argosy*, est contacté par un marin contrebandier australien appelé Donahue. Ce dernier lui raconte que, deux mois et demi plus tôt, un homme en loques l'a abordé aux îles Trobriand (au large de la côte est de la Nouvelle-Guinée) où il faisait escale. Boitant à cause d'une fracture du genou mal soignée, l'individu lui aurait dit : « Je suis Michael Rockefeller. Pouvez-vous m'aider ? »

En quête du scoop de la décennie, Machlin recrute un caméraman, achète une quantité astronomique de pellicule 16mm et fonce aux îles Trobriand pour en savoir plus. Le caméraman filme longuement son enquête, mais le journaliste ne réussit pas à percer l'énigme. Il publie néanmoins en 1974 un livre intitulé *The Search for Michael Rockefeller* qui fait la synthèse de son travail. Les années filent et le mystère s'épaissit. En 1997, on raconte qu'un détective privé embauché par la mère de Michael aurait rencontré en Papouasie-Nouvelle-Guinée des membres de la tribu Asmat. L'Américain aurait troqué le moteur de son bateau contre trois crânes humains présentés par les indigènes comme ceux des « seuls hommes blancs qu'ils aient tués. » Le privé aurait rapporté ces crânes en Amérique, persuadé que l'un d'eux appartenait à Michael Rockefeller, seulement, ce récit fait l'objet de débats quant à son authenticité.

Malgré le passage au XXIe siècle, le cas de Michael Rockefeller ne cesse d'intriguer. Après deux années et demie d'enquête sur le terrain, Carl Hoffman, un auteur américain, affirme que l'héritier a réellement été victime de cannibalisme en 1961. Peu de temps avant son naufrage, un grave incident s'était produit sur la côte sud-ouest de la Nouvelle-Guinée, une région en proie aux guerres tribales que le gouvernement des Pays-Bas tentait de pacifier. Tandis qu'une patrouille de soldats néerlandais était intervenue à Otsjanep, un village Asmat, la situation avait dégénéré. Impressionnés et dépassés en nombre par les guerriers qui les attendaient de pied ferme, les jeunes militaires néerlandais avaient paniqué. Ils avaient ouvert le feu sur les autochtones - faisant cinq victimes - avant de battre en retraite. Dans un état de frénésie meurtrière, les Asmats auraient alors réclamé la vie d'un homme blanc, afin d'honorer leur devoir spirituel de vengeance et contrebalancer la mort des leurs. Si Michael avait réussi à atteindre le rivage après son naufrage, il se serait potentiellement retrouvé face à ces guerriers avides de sang, et n'aurait eu aucune chance. Au fil de ses interviews, Hoffman obtient le témoignage préoccupant d'un missionnaire néerlandais : un Asmat lui aurait confessé avoir dévoré Michael avec d'autres cannibales. Son crâne « petit comme celui d'un enfant » aurait fini suspendu dans une hutte du village. Le pire serait donc arrivé en novembre 1961 et les autorités néerlandaises auraient volontairement caché cette vérité gênante. La disparition de Michael serait ainsi devenue une affaire d'État, mais elle va connaître un énorme rebondissement...

Dans les années 2000, le cinéaste Fraser Heston décide de consacrer un documentaire à l'affaire. Pour réaliser *The Search for Michael Rockefeller*, il parvient à récupérer dans un entrepôt en Angleterre les films 16mm tournés en 1969 par le cameraman de Milt Machlin. Il s'agit essentiellement de rushes, c'est-à-dire de plans bruts sans aucun son - près de dix heures de film - mais Heston visionne toutes les bandes, afin de sélectionner des prises de vue. Une des bobines 16mm montre une scène maritime : des guerriers Asmats à bord de pirogues pagayent vers le rivage. Tandis qu'il regarde la scène, Heston stoppe le visionnage. Il repasse la séquence et fait un arrêt sur image. Le réalisateur n'en croit pas ses pupilles. À bord d'une des pirogues, se tient un homme blanc et barbu. Quasi nu comme les autres, il arbore lui aussi des peintures tribales sur le visage, mais n'est visiblement pas né en Nouvelle-Guinée. Pouvait-il s'agir de Michael ? Et s'il n'avait pas été dévoré, mais *adopté* par ceux que beaucoup considèrent comme de dangereux sauvages ? Ce mystérieux guerrier blanc ne sera jamais identifié, et, aujourd'hui encore, on ignore ce qu'il est advenu de Michael Rockefeller.

Commentaires

L'explication de la disparition du jeune Rockefeller est peut-être simplissime : la mer a pris son corps, sans jamais le rendre. Il s'est noyé ou a été attaqué par des requins, car la mer d'Arafura - dont la température oscille entre 26 et 29 °C - est infestée de squales. Sachant qu'il nageait avec un système de flottaison même archaïque (deux bidons vides), Michael a très bien pu gagner terre. Que lui est-il arrivé par la suite ? A-t-il été tué et consommé par les Asmats ? Je n'en suis pas entièrement convaincu, car le cannibalisme était un rituel exceptionnel. De plus, Michael devait être connu dans la communauté Asmat. Un jeune homme blanc, bien intégré dans un village, ça devait se savoir partout dans la région. Une autre tribu aurait-elle pris le risque de s'en prendre à Michael ? Dans l'affirmative, elle se serait exposée à de graves représailles. En outre, Michael avait probablement appris à communiquer, même de façon rudimentaire, avec les Asmats. S'il avait été fait prisonnier, je suis sûr qu'il aurait tenté d'établir le contact.

Enfin, tâchons de voir la situation sous un autre angle : il n'est pas sûr que les Asmats percevaient Michael comme un ennemi. Bien au contraire. Vus sa peau blanche et ses cheveux blonds, peut-être le considéraient-ils comme une sorte de Dieu, ou un être venu d'ailleurs ? Comme Michael les prenait en photo, les indigènes lui attribuaient probablement aussi des pouvoirs magiques. Si ça se trouve, Michael leur inspirait même de la crainte. Des Asmats, aussi cruels soient-ils, auraient-ils pris le risque d'attenter à sa vie ? Superstitieux, ils se seraient exposés à une éventuelle vengeance divine.

De mon point de vue, Michael a effectivement pu tomber entre les griffes d'une tribu Asmat après son naufrage. Néanmoins, ils ne l'auraient pas tué, mais gardé en vie car Michael les fascinait. Considéré comme une personne de valeur, l'Américain aurait été retenu prisonnier, au cas où. De son côté, Michael aurait succombé au syndrome de Stockholm, et fraternisé avec ses geôliers. Durant sa captivité, le jeune Rockefeller aurait réfléchi au sens de sa vie. Se sentait-il écrasé par le poids de son nom de famille et de ses futures responsabilités ? En son for intérieur, il détestait peut-être le destin qu'on avait choisi pour lui, c'est pourquoi il aurait décidé de s'affranchir définitivement du monde civilisé. Pour peu qu'il ait rencontré l'amour sur place, il serait resté avec les Asmats, et devenu l'un des leurs.

LIONEL CAMY

CAS N° 5

DAMIAN MCKENZIE
AUSTRALIE
1974

Les faits

Nous sommes le mercredi 4 septembre 1974 dans le Victoria, un État du sud-est de l'Australie. Un groupe de quarante élèves accompagnés par leurs professeurs fait une excursion à Steavenson Falls, une série de cascades d'une longueur totale de 122 m, près de la bourgade de Marysville. Réputé l'un des plus beaux de la région, le site attire chaque année des dizaines de milliers de visiteurs. Les chutes d'eau sont situées au milieu d'une réserve protégée : 190 hectares de terrain escarpé et couvert d'eucalyptus. Arrivés sur place, élèves et enseignants gravissent un sentier parallèle aux cascades jusqu'au sommet de Steavenson Falls où tout le monde profite de la vue sur les montagnes sauvages. Au moment de repartir, les enseignants comptent rapidement les enfants et aboutissent au chiffre de 39. Croyant avoir fait erreur, ils refont le comptage, mais il manque toujours un jeune. Inquiets, ils font l'appel et se rendent compte qu'il s'agit de Damian McKenzie, un élève sans histoire de dix ans. Réaction normale : on pense qu'il s'est peut-être éloigné du groupe. Adultes et enfants cherchent Damian, cependant, il n'est nulle part aux alentours. On crie son nom, mais, à part le murmure de l'eau qui dévale les cascades, c'est le silence complet. Damian se serait-il aventuré en dehors du sentier, dans le bush inextricable de Steavenson Falls ?

Immédiatement saisie, la police locale se lance dans une opération de recherche et de sauvetage. Le périmètre est passé au peigne fin. On fait venir des chiens renifleurs, mais ils échouent à trouver une piste olfactive (le lieu est très fréquenté par les touristes). Pour mettre toutes les chances de leur côté, les autorités recourent aux services de pisteurs aborigènes. À l'instar des *Native Americans* aux États-Unis, les aborigènes sont ceux qui connaissent le mieux le bush en Australie. (À noter : le terme « bush » désigne toutes les zones inhabitées : forêt, savane ou désert.) En tant que premiers habitants de ce pays continent, les aborigènes sont les seuls à savoir survivre et s'orienter dans le bush. Et aucune trace au sol n'échappe à leur œil expert. Les pisteurs indigènes savent reconnaître toutes les empreintes (hommes, animaux...). En étudiant la profondeur et l'orientation des semelles de chaussures, ils sont même capables de dire quelle direction a prise un randonneur perdu, et où l'on est susceptible de le retrouver. Mais, dans le cas de Damian McKenzie, tout le savoir-faire des aborigènes sera malheureusement insuffisant. Malgré la forte mobilisation de la population locale, on n'a jamais retrouvé le garçonnet. Mort ou vivant. On ignore tout simplement ce qu'il lui est arrivé. Comme souvent, dans ce genre de cas, la disparition de Damian McKenzie a été une expérience traumatisante pour ses parents privés de réponse. Ce drame, relaté dans le journal *The Age from Melbourne*, le 9 septembre 1974, les a hantés jusqu'à la fin de leurs jours. Cette histoire pourrait n'être qu'une triste tragédie de plus, sauf que...

Un des élèves présents à Steavenson Falls en septembre 1974 a témoigné sur l'affaire des années plus tard via le réseau social Facebook. Et il a fait une révélation incroyable : le jour de la disparition de Damian McKenzie, les pisteurs aborigènes étaient parvenus à repérer ses empreintes sur le sentier longeant les cascades. Ils avaient même suivi ses traces de pas sur une certaine distance. Les *trackers* étaient confiants dans la suite des évènements, sauf qu'une chose très dérangeante est survenue : à un endroit du chemin, ils ont brusquement perdu les traces de pas de Damian. Apparemment, les aborigènes étaient totalement dépassés, car les empreintes de l'enfant s'arrêtaient net, comme s'il avait été arraché du sol !

Commentaires

S'il est dénué de réponse, ce cas demeure très intrigant. Où a été emporté Damian McKenzie, et surtout, qu'est-ce qui l'a soulevé de terre ? On pense à un adulte, car cet acte nécessite une certaine force physique. Le souci, c'est qu'on n'a repéré aucun individu suspect à Steavenson Falls le 4 septembre 1974. Et si le garçon a été attrapé par une tierce personne, pourquoi n'a-t-on pas vu ses empreintes par terre ? Cette histoire, pour le moins surprenante, m'en rappelle une autre, très ancienne, puisqu'elle se serait déroulée à la fin du XIXe siècle, aux États-Unis.

Le soir de Noël 1889, à South Bend, dans l'Indiana, la famille Lerch passe la soirée du réveillon à leur domicile, en compagnie de voisins. L'ambiance est festive. Vers 22h, les Lerch envoient leur fils de douze ans prénommé Oliver chercher de l'eau au puits, situé à environ 70 m, à l'arrière de la maison. C'est l'hiver et un manteau de neige recouvre le sol. Bravant le froid, Oliver sort dans la nuit avec un seau. Cinq minutes plus tard, les Lerch et leurs convives entendent des cris dehors. C'est Oliver qui les appelle à l'aide. Alarmés, M. Lerch et ses invités se précipitent à l'extérieur. Ils suivent les pas d'Oliver dans la neige derrière la maison, mais, bizarrement, les traces stoppent net, dix mètres avant le puits. C'est comme si le gamin s'était désintégré en route. Le seau, vide, gît dans la neige, un peu plus loin. Les adultes échangent des regards sidérés. À cet instant, ils entendent Oliver hurler dans le ciel obscur au-dessus d'eux : « Au secours ! Ils m'ont attrapé ! Aidez-moi ! » Le son de la voix diminue peu à peu, comme si Oliver s'élevait dans les airs. Après cette nuit de Noël tragique, on ne revit plus jamais le fils des Lerch.

À vrai dire, on ignore si ce récit est véridique. Il pourrait s'agir d'une pure invention, car il a été publié dans plusieurs journaux et magazines, aux États-Unis, en Nouvelle-Zélande, et même en Australie en 1947. Ceci dit, il est plus que troublant de trouver une affaire présentant une similitude dans le monde réel.

CAS N° 6

AZARIA CHAMBERLAIN
AUSTRALIE
1980

Les faits

Nous sommes en août 1980 à Ayers Rock, en Territoire du Nord, l'un des États d'Australie. Ayers Rock est non seulement le plus gros monolithe au monde, mais aussi l'un des emblèmes du continent australien. Long de 3,6 km et haut de 348 m, le gigantesque rocher posé en plein désert est un site ultra-touristique. (À noter : Ayers Rock porte aujourd'hui le nom d'Uluru.)

Le 17 août 1980, Michael et Lindy Chamberlain - un couple marié du Queensland - campent au pied d'Ayers Rock avec leurs trois enfants : Aidan, Reagan et leur petite dernière, Azaria, qui n'a que neuf semaines. Vers 20 h, Lindy couche Azaria dans la tente familiale avec son frère Reagan, âgé de quatre ans, qui dort déjà. Elle rejoint ensuite son époux et d'autres campeurs autour d'un barbecue. Dix minutes plus tard, ils entendent tous des pleurs provenant de la tente des Chamberlain. Lindy va voir et on l'entend crier : « Le dingo a mangé mon bébé ! » (À noter : ce cri deviendra célèbre et le symbole de l'affaire.) Affolée, Lindy déclare avoir vu un chien sauvage sortir de la tente et s'enfuir dans l'obscurité. Quand elle est allée vérifier à l'intérieur, Azaria n'était plus là. La police arrive bientôt sur place et organise une battue à laquelle participent 300 personnes. Si on repère effectivement une flaque de sang dans la tente et des empreintes de dingo à l'extérieur, on ne trouve aucune trace du nourrisson.

Une semaine plus tard, un touriste ramasse des vêtements d'Azaria - notamment sa combinaison ensanglantée - à environ cinq kilomètres sur le sentier longeant Ayers Rock. Dès lors, la police australienne commence à avoir des doutes sur la version des faits présentée par Lindy. Les autorités sont sceptiques quant au fait qu'un dingo s'en soit pris à un bébé parce qu'il n'y a jamais eu de précédent. S'il est vrai que ces canidés pullulent en Australie, et particulièrement à Ayers Rock car les touristes leur distribuent de la nourriture, les dingos sont réputés plutôt timides. Et sont-ils vraiment capables d'enlever et dévorer entièrement un nourrisson ? En effet, on n'a pas trouvé le moindre reste osseux. Au fur et à mesure de leur enquête, les policiers suspectent de plus en plus les époux Chamberlain. Quelques heures avant le drame, Lindy s'était promenée seule avec Azaria sur le fameux sentier où l'on a récupéré par la suite sa combinaison tachée de sang. Et il faut reconnaître que l'attitude du père est étrange : Michael n'a pas jugé bon de participer aux recherches. Juste après la disparition de sa fille, il a déclaré qu'elle était probablement morte. Fataliste, il a ajouté que c'était la « volonté de Dieu ». Il faut, tout de même, préciser que M. Chamberlain est un pasteur de l'Église adventiste du septième jour, un mouvement chrétien peu connu du grand public en Australie.

Une première enquête va dans le sens du témoignage de Lindy. Malgré l'absence de corps, un légiste conclut à une attaque de dingo le 15 décembre 1980. Depuis quelques temps, beaucoup de témoins signalaient le comportement de plus en plus téméraire des dingos à Ayers Rock, et la combinaison d'Azaria a été ramassée non loin d'une tanière. Mais la Cour suprême du Territoire du Nord, dubitative, demande une deuxième enquête. Les conclusions des enquêteurs sont, cette fois, accablantes pour les époux Chamberlain et, le 13 septembre 1982, s'ouvre à Darwin ce qu'on qualifie déjà de « procès du siècle ». Sachant que la police a retrouvé des taches d'hémoglobine fœtale d'origine inconnue sur le siège avant de la voiture familiale, l'accusation affirme que Lindy a égorgé sa fille avec des ciseaux dans le véhicule, avant de cacher son cadavre dans le bush. L'affaire déclenche les passions, partout en Australie. Elle divise l'opinion publique en deux camps (pour ou contre Lindy) et les médias se déchaînent contre l'accusée.

Il faut dire que le comportement de Lindy Chamberlain ne joue pas en sa faveur. Dans les interviews télévisées, elle paraît insensible et trop coquette pour une mère endeuillée. La police conteste la thèse de l'enlèvement d'Azaria par un dingo parce que les experts n'ont trouvé aucun poil ou trace de salive sur sa combinaison. Cherchant à se défendre, Lindy explique que sa fille portait une veste en tricot par-dessus, mais, pour l'accusation, c'est un mensonge de plus. Il faut souligner que les vêtements occupent une place centrale dans le procès. Sur les clichés pris par les enquêteurs, les vêtements d'Azaria, trouvés à proximité d'Ayers Rock, ont l'air bien pliés sur le sol. Difficile de croire qu'ils aient été enlevés par un dingo. Et les rumeurs n'arrangent pas l'image de Lindy. Un jour qu'elle avait amené Azaria chez le docteur, ce dernier avait été étonné par la tenue vestimentaire de la petite : une robe en dentelle noire. En faisant des recherches sur le prénom Azaria, le médecin avait découvert que, d'origine hébreuse, il signifiait « sacrifice dans le monde sauvage ». Drôle de coïncidence. Très religieux, les Chamberlain auraient-ils sacrifié leur bébé dans le désert parce qu'ils le considéraient comme Satan en personne ? C'est un pas que certains n'hésitent pas à franchir. On a aussi raconté que Lindy souffrait de dépression post-partum, ou qu'Azaria aurait été le fruit d'un adultère (on sait que le couple avait pour projet de divorcer avant le drame). Quel que soit son mobile, la mère machiavélique aurait mis en scène la disparition du nourrisson. Le 29 octobre 1982, Lindy, enceinte de son quatrième enfant, est condamnée à la perpétuité pour le meurtre d'Azaria. Jugé complice, Michael écope d'une peine avec sursis. Mme Chamberlain est jetée en prison où elle donnera naissance à Kahlia, sa deuxième fille.

Les années passent, et, en janvier 1986, coup de théâtre : on trouve par hasard à Ayers Rock, près d'un terrier de dingo, la fameuse veste en tricot d'Azaria dont la police ne croyait pas à l'existence. Lindy disait donc vrai. À partir de là, c'est tout le dossier de l'accusation qui s'écroule. De nouvelles analyses montrent que les pseudo traces de sang d'Azaria trouvées dans la voiture familiale étaient en fait un mélange de résidu d'isolant, de poussière de cuivre et… de milkshake ! Les spécialistes n'ont visiblement pas pris la peine d'effectuer des analyses très poussées en 1982. Il paraît alors évident que la culpabilité de Lindy a été démontrée sur la base de preuves scientifiques peu fiables. La police, qui s'est focalisée sur une thèse erronée, aurait eu une vision en tunnel ayant conduit à une énorme erreur judiciaire. Lindy est remise en liberté, néanmoins, il faudra attendre février 1987 pour que son innocence soit officiellement reconnue. Un nouveau combat démarre alors pour les Chamberlain : faire reconnaître la dangerosité du dingo. Il durera presque trente ans. Ce n'est qu'en juin 2012, soit 32 ans après les faits, que la justice australienne admet la responsabilité du dingo dans l'affaire Azaria Chamberlain et clôture enfin le dossier.

DISPARUS DANS LA NATURE (MONDE)

Commentaires

La disparition d'Azaria Chamberlain est, de loin, le fait divers le plus célèbre de l'histoire de l'Australie. Dans cette affaire, il est incontestable que Lindy Chamberlain a fait l'objet d'un véritable lynchage médiatique. On a assisté à un procès par les médias, bien avant la création d'internet et des réseaux sociaux. Par leur foi religieuse et leurs différences, les Chamberlain détonnaient dans la société traditionnelle australienne. L'intolérance, la peur de la différence ou la simple jalousie ont sûrement joué un rôle dans cet invraisemblable emballement médiatique. Lindy était une coupable idéale. Un innocent peut avoir un comportement maladroit qui le dessert. Quoi que fasse Lindy, ça se retournait contre elle : quand elle pleurait, on l'accusait de jouer la comédie, et lorsqu'elle restait stoïque, on l'accusait de froideur. Lindy est parfois apparue agressive lors des interviews, mais il ne faut pas oublier qu'elle était en permanence sous le feu des critiques.

Faisons maintenant quelques mises au point. En ce qui concerne la robe d'Azaria, elle n'était pas entièrement noire, car ornée de rubans rouges. Et depuis quand une faute de goût vestimentaire constitue-t-elle une preuve de crime ? Par ailleurs, le prénom Azaria ne veut pas dire « sacrifice dans le monde sauvage » en hébreu mais « aidée par Dieu » ou « Dieu aide ». Le dossier de l'accusation était, quant à lui, truffé d'erreurs. Si les vêtements d'Azaria trouvés dans le désert semblaient trop bien rangés sur le sol, c'est parce qu'un policier les avait lui-même pliés avant de les prendre en photo. Et je ne parle même pas des erreurs impardonnables de la police scientifique. Ils ont quand même réussi à confondre du milkshake avec du sang. Ces erreurs étaient-elles volontaires ou le signe d'une incompétence crasse ? Quand on examine les faits sans idées préconçues, la question de l'innocence de Lindy relevait du simple bon sens. Comment aurait-elle pu, en seulement dix minutes, tuer sa fille et cacher son corps dans le désert, sans être vue, ni tâcher ses vêtements ?

Quelle leçon tirer de cet immense gâchis, par-delà le fiasco judiciaire ? Eh bien, que l'homme se doit de rester humble vis-à-vis de la nature en général, et de la faune sauvage en particulier. Si les autorités australiennes doutaient dans les années 1980 qu'un dingo puisse s'en prendre à l'être humain, l'actualité récente a largement prouvé le contraire.

Les attaques de dingos se multiplient désormais en Australie. Entre 1990 et 2011, plus de 200 incidents ont été signalés. Un enfant de neuf ans a même été tué sur Fraser Island, une île australienne du Queensland (cf. un article du *Daily Mail* du 30 avril 2001). En janvier 2017, toujours sur Fraser Island, une femme n'a eu la vie sauve que grâce à l'intervention de pêcheurs.

S'il ne faut pas exterminer les dingos comme le préconisent certains, apprenons à cohabiter avec eux, car ce sont des habitants à part entière du bush et ils n'ont plus peur des hommes.

CAS N° 7

MOHD GHANI
MALAISIE
2002

Les faits

Nous sommes en Malaisie, un pays d'Asie du Sud-Est, au sud de la Thaïlande.

En mai 2002, la famille Ghani passe un week-end à Gunung Tebu, une montagne de 1 037 m d'altitude dans l'État de Terengganu, sur la côte orientale de la péninsule malaisienne.

Originaires de Kuala Lumpur, les Ghani se baladent le matin au bord d'une rivière au pied de Gunung Tebu, puis déjeunent sur l'aire de pique-nique populaire de Lata Belatan. Après le repas, M. et Mme Ghani font une courte sieste, mais à leur réveil, ils réalisent que Mohd Khairi Abdul, leur fils de quinze ans, a disparu.

Ils interrogent d'autres visiteurs pour savoir s'ils ont vu Mohd, mais n'obtiennent que des réponses négatives. Les Ghani passent deux heures à chercher leur fils, sans succès, puis alertent les pouvoirs publics qui mettent rapidement sur pied une opération de *Search and Rescue*. Comme partout en Asie, la forêt vierge de Gunung Tebu est extrêmement hostile. On y rencontre une faune sauvage, et chaque pas peut présenter un danger. Mohd aurait-il essayé de grimper seul jusqu'au sommet de la montagne ? Le site attire chaque année nombre de grimpeurs. Pour aller en haut du Gunung Tebu, il faut suivre une piste d'environ dix kilomètres de long, qui se faufile dans une jungle épaisse. L'ascension prend six à sept heures pour les débutants. Les époux Ghani sont néanmoins incrédules. Mohd n'est pas très sportif et ça n'est pas dans son tempérament de fuguer. Pendant cinq jours, une centaine de personnes ratissent la zone. M. et Mme Ghani s'époumonent à crier le nom de leur fils et un hélicoptère fait des ronds dans le ciel, mais ces efforts sont improductifs. L'adolescent s'est évanoui dans l'air. Morts d'angoisse, les Ghani commencent à désespérer. Les sauveteurs, eux, fatiguent, et beaucoup rentrent chez eux.

Si les autorités n'osent l'exprimer ouvertement par respect pour les parents, elles envisagent désormais le pire, quand un rebondissement extraordinaire survient : on retrouve le disparu sain et sauf. Là où ça devient étrange, c'est qu'on est tombé sur Mohd à seulement huit mètres de l'aire de pique-nique où il avait été vu pour la dernière fois. Habillé d'un drap de bain, l'adolescent était en train de fixer du regard les rapides de la rivière, ce qui est pour le moins bizarre, mais moins que ce qui va suivre...

Quand on interroge Mohd pour savoir ce qui lui est arrivé, il déclare être très surpris qu'on ne l'ait pas vu, car il n'a pas quitté les lieux ! Selon un article publié le 13 juillet 2015 par le journal *The Star Malaysia*, Mohd a entendu l'hélicoptère et même sa mère l'appeler, mais il a juré qu'il ne pouvait rien faire, sans parvenir à l'expliquer.

Commentaires

La chute de cette histoire est tellement inattendue qu'on peine à trouver une explication rationnelle, aussi, je vous propose d'en reparler directement dans la partie II du présent ouvrage.

CAS N° 8

CHARLES HUFF
ÉTATS-UNIS
2004

Les faits

Nous sommes en novembre 2004 à Lakeland, une ville du centre de la Floride, au sud-est des États-Unis. À 76 ans, Charles Huff a eu une vie bien remplie. Ancien militaire dans l'US Navy, il mène une existence heureuse avec Shirley, son épouse depuis 1972. Avec sa grosse moustache et ses lunettes aux verres teintés, Charles ne passe pas inaperçu. Bon vivant, il aime rire et ne se départit jamais d'un sourire communicatif. Le septuagénaire, qui affiche 1,82 m pour 90 kg, est un homme solide, même s'il a eu quelques soucis de santé. On lui a posé un stent dans une artère, suite à une attaque cardiaque. Collectionneur d'armes à feu, Charles a chassé toute sa vie, le plus souvent seul, et ça n'est pas un genou douloureux qui va l'empêcher de continuer à traquer le cerf.

Le mercredi 24 novembre 2004, Shirley Huff, l'épouse de Charles, part tôt le matin au travail. Contrairement à son mari, elle n'est pas encore à la retraite et officie dans un laboratoire photo. Quand elle revient au domicile conjugal en fin d'après-midi, Charles est absent. Vu qu'il n'a pas laissé de mot à son attention, Shirley interroge leur voisin qui indique avoir vu Charles partir le matin dans son camion pick-up Mazda blanc. En inspectant sa maison, Shirley se rend compte que son époux a emporté une carabine Ruger M77, une casquette couleur camouflage et une veste orange. Elle en conclut donc qu'il est parti chasser. Cette nouvelle n'est pas pour la rassurer, car elle n'aime pas qu'il parte en solo dans la nature, eu égard à ses antécédents médicaux. Alarmée, Shirley appelle ses filles. Peut-être savent-elles où est leur père ? Mais elles n'en ont aucune idée. Les heures s'égrènent. Charles ne revient toujours pas et, à minuit, Shirley prévient le bureau du shérif du Comté de Polk.

Le jeudi 25 novembre 2004, la police locale arrive à la première heure au domicile des Huff. La maison est bondée, parce que les filles de Shirley et leurs maris sont présents. Tandis que tout le monde réfléchit à l'endroit où Charles pourrait être, Todd Tharrington - son beau-fils - se souvient d'un lieu où ils avaient pêché ensemble une fois : l'aire de gestion de la faune de Green Swamp, une vaste zone marécageuse de la région. Todd va aussitôt sur place en voiture pour vérifier. Il arpente les routes isolées du Green Swamp, à la recherche de son beau-père, quand - bingo - il localise son pick-up Mazda blanc garé au bord d'une route en terre appelée Tanic Grade.

L'après-midi, la famille Huff et les policiers de plusieurs Comtés explorent le périmètre, guidés par trois chiens de sauvetage. Après avoir récupéré dans le pick-up Mazda une paire de tennis appartenant à Charles, les maîtres-chiens donnent l'odeur du disparu aux limiers afin qu'ils remontent à lui. Malheureusement, il a beaucoup plu la nuit précédente et l'eau a, semble-t-il, effacé sa piste olfactive tout comme ses empreintes sur le sol. En clair, les secours n'ont pas la moindre idée de la direction prise par le chasseur (le pire cas de figure) et c'est une opération de *Search and Rescue* à 360° qui démarre.

La nouvelle de la disparition de Charles se propage dans toute la région et nombre d'habitants viennent apporter leur aide. Dans un élan de solidarité, les restaurants du coin offrent des repas aux bénévoles. Plus de 200 personnes fouillent à pied le Green Swamp dans un rayon de trois kilomètres autour du pick-up de Charles, seulement, la tâche est ardue : la végétation est tellement dense que, par endroits, on n'y voit pas à un mètre. Les équipes de recherche, qui progressent en ligne, doivent utiliser des machettes pour se frayer un chemin. Les chercheurs au sol sont appuyés par des véhicules tout terrain et des hélicoptères équipés de détecteurs infrarouges à balayage frontal, mais rien n'y fait. Charles reste introuvable. Après dix jours de recherches intensives, les autorités prennent la décision difficile d'arrêter les recherches. Dans les mois suivants, la police revient sur place avec des *cadaver dogs* (chiens renifleurs de cadavre) capables de sentir une odeur de décomposition à des kilomètres à la ronde. Ils font chou blanc. Qu'est-il arrivé à Charles Huff ? C'est comme si le Green Swamp l'avait englouti.

Commentaires

Dans ce dossier, la thèse du suicide ou d'une fuite volontaire est inenvisageable. Heureux dans sa vie, Charles aimait son épouse depuis plus de trois décennies. Et avec quel argent aurait-il refait sa vie ailleurs ? Par la suite, la police n'a noté aucun mouvement sur ses comptes bancaires. Le septuagénaire n'a pas non plus touché à ses placements financiers. Un accident de chasse est peu probable vu qu'il portait une veste orange, repérable de loin. La piste criminelle a été, un temps, envisagée. Des rumeurs ont circulé au sujet d'un chasseur qui aurait menacé de tuer quiconque s'aventurerait sur ce qu'il estimait être « son territoire ». Le shérif a procédé à des vérifications. Ça n'a rien donné. Et l'hypothèse d'une agression est incertaine. Le mobile aurait certes pu être le vol. Charles portait au poignet une Rolex, mais, le jour de sa disparition, il était en possession d'une carabine Ruger M77, une arme à feu redoutable. Par conséquent, il aurait été extrêmement risqué pour un voleur de s'en prendre au retraité. En tant qu'ancien militaire, il n'aurait certainement pas hésité à s'en servir. Sachant qu'on n'a pas retrouvé la dépouille de Charles en dépit d'une fouille minutieuse du Green Swamp, aurait-il marché au-delà du secteur de recherche ? Pas sûr, vu son genou douloureux.

Le plus bizarre réside dans le fait qu'une douzaine de chasseurs et de randonneurs se perdent chaque année dans le Green Swamp, mais c'est la première fois qu'on n'a rien retrouvé (cf. un article du journal *The Ledger* du 26 février 2006). Ni corps, ni vêtement, ni arme. Rien. C'est très étonnant vus les moyens colossaux mis en œuvre par les pouvoirs publics. Pourrait-il y avoir une autre explication ?

CAS N° 9

L'ÉNIGME DE SOSPEL
FRANCE
2005

Les faits

Nous sommes le 1ᵉʳ novembre 2005, dans les Alpes-Maritimes, à Sospel, un village provençal tranquille proche de la frontière italienne. Nichée au cœur de la verdoyante vallée de la Bévera, Sospel est une charmante commune à l'atmosphère médiévale, point de départ d'agréables balades dans l'arrière-pays mentonnais.

Philippe Rocheteau a 31 ans. Il vit à Menton avec sa compagne et son fils. Ce jour de la Toussaint 2005, Philippe emmène sa petite famille se promener sur les hauteurs de Sospel. Vers 14 h, il se gare sur le parking du sentier de randonnée du col de Brouis, à 12 km au nord de Sospel, mais le ciel s'assombrit. Si sa compagne et son fils n'ont plus trop envie de se balader, Philippe n'est pas refroidi. C'est un sportif et ce ne sont pas quelques nuages qui vont l'empêcher de faire cette randonnée. « Vous n'avez qu'à m'attendre dans la voiture. » leur dit-il. Même s'il est un randonneur chevronné, Philippe n'emporte ni eau ni nourriture. C'est inutile. Il va se dépêcher, se sachant attendu. Philippe s'engage seul sur le sentier en direction du col de Brouis, au-dessus de Sospel.

Les heures défilent et Philippe ne revient pas. Sa compagne et son fils, qui l'attendent toujours dans la voiture, s'impatientent. L'énervement cède la place à l'inquiétude. En fin d'après-midi, ils avisent les secours. La compagnie de gendarmerie de Menton se lance à la recherche du randonneur. Pendant des jours, les militaires fouillent énergiquement le col de Brouis, avec le soutien d'une brigade cynophile. Un hélicoptère survole sans relâche la montagne, pour tenter d'apercevoir Philippe à partir du ciel. Sospel étant à moins de dix kilomètres de la frontière italienne, des policiers transalpins participent également aux recherches, qui s'avèrent stériles. Les gendarmes conjecturent que le randonneur a eu un accident à cause du brouillard. Il serait tombé dans un endroit inaccessible. Soit. Seulement, le col de Brouis n'est pas très haut. Il culmine à seulement 879 m, et son sol est aride, avec peu d'arbres, et donc de cachettes potentielles. Alors, où est passé Philippe ? Je doute qu'il soit parti volontairement car, au départ, ses proches devaient l'accompagner (ils ont changé d'avis au dernier moment). Est-il normal que, plus de douze ans après sa disparition, on n'ait toujours pas récupéré sa dépouille ? Les hauteurs de Sospel sont prisées des promeneurs. Après l'importante opération de *Search and Rescue* de 2005, beaucoup de monde a sillonné les sentiers du col de Brouis, sans jamais rien trouver. Ça pose question, surtout que, moins d'un an plus tard, rebelotte...

En octobre 2006, Anne-Marie Arnal, une mentonnaise de 69 ans, part se balader le long du sentier botanique de Sospel. Elle ne reviendra jamais. C'est d'autant plus incompréhensible que cette randonneuse expérimentée était en parfaite condition physique, et que le sentier botanique - d'une durée d'une heure et demie aller-retour - ne présente pas de difficulté particulière. Sans nouvelle de la sexagénaire, un ami donne l'alerte. Les secours localisent la voiture d'Anne-Marie à proximité de la gare de Sospel. Sept jours durant, un contingent de gendarmes et de pompiers arpente le sentier botanique qui traverse garrigue et forêts de chênes. Un hélicoptère tourne dans le ciel au-dessus de Sospel, et les chiens de détection sont de la partie, mais ce dispositif d'ampleur sera sans effet. On ne mettra jamais la main sur la disparue. Le plus incompréhensible, c'est qu'il faisait beau le jour de sa disparition. Le mauvais temps ne peut donc être en cause. Pour quelle raison alors Anne-Marie n'est-elle pas revenue de sa balade ? Où est-elle ? Autant de questions restées sans réponse. En 2007, les militaires refont le parcours supposé de la randonneuse sur le sentier botanique de Sospel. Nouvel échec. Comme pour Philippe, on ignore ce qu'il est advenu d'Anne-Marie. En novembre 2011, l'affaire connaît un rebondissement : des employés municipaux découvrent un petit crâne humain parmi les déchets collectés à Lucéram, un bourg voisin de Sospel, seulement, il est impossible d'en retracer l'origine. Les gendarmes spéculent qu'il s'agit de celui d'un enfant, néanmoins, pourrait-il appartenir à Anne-Marie, vue sa petite taille ? À moins que cette trouvaille macabre n'ait strictement aucun rapport avec sa disparition.

Quand un mystère en rencontre un autre. En 2011, le nom de Sospel est cité dans la plus grande énigme criminelle des années 2000 en France : l'affaire Xavier Dupont de Ligonnès. Pour mémoire, M. de Ligonnès est un père de famille soupçonné d'avoir assassiné sa femme et ses quatre enfants à Nantes en avril 2011. Recherché par toutes les forces de police du pays et même Interpol, il n'a jamais été localisé ni appréhendé. Attention, il convient de rappeler que M. de Ligonnès est présumé innocent. On ne sait pas s'il est responsable de la tuerie de Nantes ou s'il est victime d'une terrible machination. Ça sera à la Justice de trancher, si l'on parvient à le trouver un jour. Quoi qu'il en soit, le principal suspect du quintuple meurtre de Nantes a lui aussi mystérieusement disparu dans le sud de la France. Le 15 avril 2011, une caméra de vidéosurveillance l'a filmé à Roquebrune-sur-Argens, dans le Var. C'est la dernière fois où M. de Ligonnès a été vu officiellement. Il est parti à pied de son hôtel avec un sac à dos (qui aurait pu contenir une carabine 22 LR) et on ne sait pas trop ce qu'il est advenu de lui. Certains pensent qu'il s'est suicidé en pleine nature (dans une grotte, par exemple, pour qu'on ne retrouve pas son corps), d'autres qu'il est toujours en vie et en cavale. On a cru le voir aux quatre coins du pays et même à l'étranger. Ce n'étaient que des fausses pistes. Si j'évoque ce dossier, qui est un authentique mystère, c'est pour une raison précise : Xavier Dupont de Ligonnès aurait été aperçu à Sospel le 12 mai 2011 (cf. un article de *Nice-Matin* du 15 mai 2011). Plusieurs témoins crédibles, notamment une boulangère du village, l'ont formellement identifié. La police a jugé l'information suffisamment sérieuse pour aller vérifier sur place, sans obtenir de résultat probant. Est-ce que c'était vraiment M. de Ligonnès ? Aurait-il juste fait une étape à Sospel avant de s'enfuir en Italie ou était-il présent dans ce petit bourg pittoresque pour une autre raison ? Décidément, Sospel n'est peut-être pas un village si tranquille…

Commentaires

Si les Alpes-Maritimes sont un département aux panoramas sublimes, c'est un territoire riche en énigmes. Après les deux disparitions non élucidées de Sospel de 2005 et 2006, d'autres randonneurs ont inexplicablement disparu dans le secteur. Citons un cas récent assez perturbant…

En 2016, David Wood est un ingénieur informatique de 61 ans. Originaire de Woodbridge en Angleterre, il est marié à Valérie. Le couple possède une maison à Marie, un petit village de 50 habitants à seulement 25 km au nord-ouest de Sospel, dans les Alpes-Maritimes. Chaque été, depuis six ans, David et Valérie viennent se ressourcer pendant un mois et demi à Marie. Le couple connaît donc parfaitement la région. Il est bien intégré et estimé dans le village. David est décrit comme un homme drôle, optimiste et un bon père. Il est plutôt en bonne santé, à part une tension un peu élevée. Il a aussi fait une labyrinthite, une affection de l'oreille interne qui peut causer divers problèmes : troubles de l'équilibre, vertiges et nausées. Plutôt que se bourrer de médicaments, David préfère adopter une meilleure hygiène de vie. Il fait de la marche chaque jour dans la vallée de Tinée, sur un sentier reliant Marie à Clans, un village voisin. Cette balade de 4,5 kilomètres est considérée comme assez facile. C'est un chemin presque en ligne droite qui longe la rivière. On ne peut aller que dans un sens ou dans l'autre. Ceci dit, le sentier est entouré de montagnes couvertes de forêts assez denses.

Une heure après son départ, Valérie appelle son époux sur son téléphone portable. Elle lui demande s'il rentre bientôt car David a une conférence téléphonique pour son travail avec les États-Unis en début d'après-midi. David lui explique qu'il est en train de revenir. Il n'est qu'à une demi-heure de Marie. Tout semble normal. Il raccroche. Une demi-heure passe. David n'est toujours pas arrivé. Sa femme le rappelle. David répond et explique qu'il est fatigué et s'est arrêté pour se reposer. Il lui répète qu'il n'est qu'à une demi-heure de Marie et raccroche. C'est la dernière fois qu'on entendra la voix de David Wood. Par la suite, Valérie rappelle son mari, mais son téléphone sonne dans le vide. Plus personne ne répond. Vu que David ne donne plus signe de vie, sa femme compose le 17.

Les forces de l'ordre sont réactives. La police, le Peloton de Gendarmerie de Haute Montagne (PGHM), et même des locaux passent au peigne fin plusieurs fois le sentier et les abords de la rivière. En pure perte. Des équipes d'alpinistes viennent dans le secteur. Ils descendent en rappel dans des lieux inaccessibles. Ils ne trouvent rien. Pendant dix jours, on recherche intensivement David. Résultat : néant. Force est de constater qu'il s'est volatilisé sur le sentier. Hélicoptères, drones, chiens renifleurs, géolocalisation du téléphone portable, tout a été tenté pour localiser le malheureux, mais on n'a pas découvert le début de commencement d'un indice. « S'il était tombé du sentier ou en dehors du chemin, on l'aurait retrouvé. » a déclaré sa nièce à une journaliste de *Nice-Matin* (cf. un article du 24 août 2016). La piste privilégiée par les gendarmes est que le randonneur a fait un malaise (il avait une tension élevée) et que son corps se trouve quelque part, entre Marie et Clans, néanmoins, ne pas avoir retrouvé son corps est anormal, eu égard aux énormes moyens engagés pour le localiser. La zone où a disparu David est certes sauvage, mais c'est sans comparaison avec les immenses parcs nationaux américains. De plus, ne pas avoir retrouvé un seul objet lui appartenant est très suspect selon moi. David avait emporté avec lui deux téléphones (un iPhone anglais et un mobile français) et surtout une paire de bâtons de randonnée. S'il a fait un AVC comme le pensent les enquêteurs, il les a certainement lâchés. Ce ne sont pas des petits objets. Ils mesurent plus d'un mètre de long et sont composés d'aluminium ou de carbone, des matériaux très résistants. Pour quelle raison n'a-t-on rien retrouvé ? Et même s'il avait été désorienté (rappelez-vous les symptômes de sa labyrinthite : troubles de l'équilibre, vertiges), il n'aurait pas été capable d'aller très loin, fatigué, sur un terrain escarpé.

Toutes ces disparitions inexpliquées dans les Alpes-Maritimes sont-elles le fruit d'un triste hasard ou cacheraient-elles un terrible secret ? Bien futé qui pourrait répondre...

CAS N° 10

BRANDON SWANSON
ÉTATS-UNIS
2008

Les faits

Nous sommes le 13 mai 2008, dans le Minnesota. Situé dans le Midwest, au centre-nord des USA, cet État est constitué d'immenses plaines agricoles, de prairies et de fermes. Le paysage est plat et il faut bien le dire, désespérément monotone. Brandon Swanson est un étudiant sans histoire de 19 ans qui vit avec ses parents et sa sœur à Marshall, une ville de 13 680 habitants du Comté de Lyon, à 160 km à l'est de Minneapolis, la capitale de l'État. Mesurant 1,70 m et portant des lunettes (il est presque aveugle de l'œil gauche depuis sa naissance), Brandon suit une formation dans le domaine de la production d'énergie éolienne au Minnesota West Community & Technical College de Canby, à une cinquantaine de kilomètres au nord-ouest de Marshall. Brandon n'est pas un jeune à problèmes, c'est un gentil garçon apprécié de ses proches. Parallèlement à ses études, il travaille dans un magasin d'alimentation et ne souffre pas de problèmes mentaux.

Le 13 mai 2008, c'est le dernier jour de l'année scolaire et Brandon fait la fête avec quatre camarades de classe à Canby. Rien de plus normal. Comme dans toutes les soirées étudiantes, les jeunes consomment de l'alcool, mais, selon un témoin visuel, ce n'est pas une grosse beuverie. Un peu après minuit, Brandon rentre chez lui (on peut dire qu'il est raisonnable). Il monte à bord de sa Chevrolet Lumina et prend la route. Pour revenir à Marshall,

Brandon doit emprunter la Highway 68, une voie rapide en ligne droite de cinquante kilomètres. En quittant Canby, Brandon n'est pas ivre mort, cependant, il a bu quelques verres (notamment un shot de whisky) et il ne veut pas prendre de risque avec la Highway Patrol. Outre-Atlantique, la police ne plaisante pas avec l'alcool au volant, c'est un coup à finir en prison. On imagine que c'est la raison pour laquelle Brandon prend un itinéraire bis pour revenir à Marshall : il emprunte des routes secondaires de graviers, non parallèles à la Highway, qui quadrillent les parcelles agricoles. (À noter : vu du ciel, le réseau routier du Minnesota forme une immense grille sur tout le territoire. Les routes forment des carrés ayant des côtés d'une longueur d'un mile, soit 1,6 km.) Étant donné qu'il est impossible d'avancer en ligne droite, Brandon fait de multiples détours pour rentrer chez lui et allonge donc énormément son trajet. Si cette région rurale est déjà glauque pendant la journée, c'est encore pire la nuit. Il n'y a pas d'éclairage public et Brandon roule dans l'obscurité totale.

Il est maintenant 1 h 15 du matin, le 14 mai 2008. Brandon est toujours dans la campagne du Minnesota. Il circule sur les routes au milieu des terres cultivées. Le paysage est vide et il n'y a aucun repère. Brandon est-il fatigué ? Probablement. Il s'est peut-être perdu dans ce labyrinthe agricole car, à un moment donné, il veut faire demi-tour et sa Chevrolet va dans un fossé le long d'un champ. Brandon n'a pas d'accident de la route à proprement parler, néanmoins, sa voiture se retrouve complètement immobilisée. Le fossé n'est pas très profond, seulement, il est large et le véhicule est penché dans un angle tel que deux roues ne touchent plus le sol. Brandon n'est pas blessé, mais il est coincé en pleine nuit au milieu de nulle part. Ça ressemble beaucoup à un scénario de film d'horreur. Seul dans ce coin de campagne plongé dans le noir, Brandon ne sait pas quoi faire. Inutile de tenter de pousser seul la Chevrolet hors du fossé, c'est impossible (elle pèse 1,6 tonne). Par chance, il a sur lui son téléphone portable : un Motorola SLVR. Il appelle deux ou trois amis afin qu'ils viennent l'aider à dégager sa voiture, mais ils ne répondent pas, sans doute toujours en train de faire la fête. À 1 h 54 du matin, Brandon se résout à faire ce qu'un adolescent a probablement le moins envie de faire quand il s'est mis dans le pétrin : appeler ses parents. Il leur explique ce qui s'est passé, et M. et Mme Swanson montent aussitôt dans leur pick-up pour aller le chercher. Brandon leur décrit l'endroit où il se trouve. Il pense être juste en dehors de la Highway 23, près de Lynd, une bourgade voisine de Marshall, dont la population plafonne à 450 habitants. Brandon peut même distinguer les lumières du bled dans le lointain. Il est certain qu'il s'agit de Lynd, car l'un de ses amis y habite. Le souci, c'est que son téléphone Motorola n'est pas équipé d'un GPS et que toutes les routes se ressemblent dans ce coin du Minnesota. Quoi qu'il en soit, Lynd n'est qu'à dix minutes en voiture de Marshall.

À bord de leur pick-up, M. et Mme Swanson s'approchent rapidement du lieu supposé de l'accident. Ils scrutent les alentours à la recherche de la Chevrolet, seulement, ils ne parviennent pas à la localiser. En contact téléphonique permanent avec Brandon, ils signalent leur présence en faisant des appels de phare, mais leur fils ne perçoit aucun signal lumineux dans l'obscurité. En retour, il fait lui aussi des appels de phare avec sa Chevrolet, mais ses parents ne voient rien non plus. Les tentatives se poursuivent un bon moment et tout le monde perd patience. Stressé par la situation, Brandon s'énerve un peu contre sa mère et raccroche à 2 h 27 du matin. Quelques secondes plus tard, il la rappelle pour s'excuser. Lassé d'attendre, il dit à ses parents qu'il part à pied à Lynd et leur propose de les retrouver sur le parking du Lyndwood Tavern, l'unique bar de la bourgade. M. Swanson ramène vite son épouse à Marshall, puis repart seul chercher Brandon. En roulant vers le lieu du rendez-vous, il rappelle son fils et discute avec lui. Brandon a commencé à marcher vers les lueurs urbaines à l'horizon. Pendant 47 minutes, M. Swanson converse avec Brandon au téléphone. Il connaît son fils mieux que personne, et, d'après lui, Brandon n'est pas ivre. L'étudiant marche le long de la route un instant en direction du sud, puis tourne à l'ouest. Il passe devant l'entrée d'une ferme abandonnée et annonce à son père qu'il coupe à travers les champs « pour aller plus vite qu'en marchant sur la route », selon ses propres mots. Brandon traverse les cultures et escalade deux grillages. Détail qui aura son importance : il dit qu'il entend un clapotis (il y a de l'eau à proximité). Tout en progressant vers Lynd, il parle au téléphone avec son père. Selon ce dernier - et ceux qui auront l'occasion d'écouter l'enregistrement plus tard, car il a été rendu public - l'étudiant s'exprime d'une voix calme, et l'environnement est silencieux. Tout paraît normal, quand, tout à coup, Brandon lâche un juron : « Oh merde ! » et la communication est brutalement coupée. Il est exactement 3 h 10 du matin et on n'entendra plus jamais la voix de l'étudiant. Mort d'inquiétude, M. Swanson rappelle immédiatement son fils. Son téléphone sonne, mais personne ne décroche. Précision importante : l'appel ne bascule pas directement vers la messagerie. M. Swanson recompose plusieurs fois le numéro de Brandon. Son téléphone sonne toujours dans le vide. Paniqué, M. Swanson fonce au lieu de rendez-vous – le Lyndwood Tavern – mais le parking est vide. Selon toute apparence, il est arrivé à Brandon un évènement imprévu et soudain. Son père arpente le secteur pendant des heures, en vain. À 6 h 30, il prévient le shérif du Comté de Lyon qui fait une réquisition auprès de l'opérateur téléphonique, seulement, il doit attendre que les bureaux ouvrent et on perd un temps précieux. Quelques heures plus tard, les techniciens en télécom analysent les derniers appels passés par

DISPARUS DANS LA NATURE (MONDE)

Brandon et obtiennent la confirmation que son téléphone portable a borné (c'est-à-dire, activé une antenne-relais) au sud de Minneota, une bourgade entre Canby et Marshall. Cette information permet de restreindre le secteur de recherche, et, à 12 h 30, un adjoint du shérif trouve la voiture de Brandon. La Chevrolet est bien coincée dans un fossé, mais son propriétaire n'est plus sur place. Le petit problème, c'est que la voiture est très loin de l'endroit où pensait être Brandon. Elle est sur une route de campagne, à 2,4 kilomètres au nord de la Highway 68, et à environ trente kilomètres de Lynd ! Comment Brandon a-t-il pu se tromper à ce point ? Les éclairages urbains qu'il a observés au loin ne pouvaient, en aucun cas, être ceux de Lynd, mais plutôt ceux de Taunton ou Porter, des patelins proches du lieu de l'accident. Les camarades de Brandon ont reconnu qu'il avait bu quelques verres, mais, selon eux, il était tout à fait en état de conduire. De plus, son père, avec qui il est resté longtemps au téléphone, a certifié qu'il était parfaitement lucide. Le jeune homme se serait-il cogné la tête lors de sa sortie de route ? Pas si l'on en croit les constatations faites sur place par la police. La Chevrolet n'est pas endommagée, juste maculée de boue. En outre, ses airbags ne se sont pas déclenchés. Il n'y a pas eu d'impact et on n'a pas relevé de trace de sang dans le véhicule. La police locale tente d'appeler le portable de Brandon, mais les appels vont désormais directement vers la messagerie locale. Le portable Motorola SLVR de Brandon ne fonctionne certainement plus. Pour compliquer encore un peu plus l'équation, la téléphonie mobile n'est pas une science exacte. L'opérateur n'est pas en mesure de déterminer par triangulation la position précise de Brandon la nuit de sa disparition. En effet, son téléphone n'a activé qu'une seule antenne-relais et les antennes GSM sont plus puissantes à la campagne qu'en ville. Leurs faisceaux ont une portée de 35 km. Brandon était donc possiblement très loin de cette tour, dans un rayon de 35 km. (Nous apporterons ultérieurement un complément d'information technique sur les portables.)

Il faut maintenant retrouver Brandon dans les meilleurs délais. Les forces de l'ordre lancent une vaste opération de *Search and Rescue* qui mobilise des véhicules tout terrain, des hommes à cheval et des chiens renifleurs. Des fermiers et des habitants du coin apportent également leur aide. La grande question reste de savoir *où* chercher. Les statistiques en matière de SAR montrent que, dans les cas d'abandon de véhicules, les conducteurs sont pratiquement toujours retrouvés à moins de 9 km du lieu de l'abandon. Les sauveteurs professionnels utilisent des méthodes quasi scientifiques pour délimiter le secteur de recherche. Par exemple, ils tiennent compte de la distance maximale parcourue. On sait qu'une personne lambda marche en moyenne rarement plus vite que 5 km/h. Sachant que Brandon n'a guère marché plus de 47 minutes (la durée de son appel), il n'a pas pu parcourir plus de 4 km à pied. Les recherches se focalisent donc sur une zone de campagne incluant la Yellow Medicine River. On présume que Brandon a obligatoirement traversé cette rivière pour aller vers les lumières. Scénario plausible : l'étudiant aurait trébuché et serait tombé à l'eau. C'est pourquoi l'appel a brusquement coupé. L'hypothèse de la noyade paraît tenir la route, sauf que la Yellow Medicine River est plus un gros ruisseau qu'une rivière. Par endroits, la profondeur ne dépasse pas un mètre. Les secours ne veulent, malgré tout, rien laisser au hasard. Ils fouillent le cours d'eau de fond en comble, mais ne trouvent rien. Durant quatre mois, cinq cents personnes, la plupart bénévoles, cherchent non-stop Brandon. Ils ratissent plus de 300 km² avec le renfort d'une trentaine de chiens spécialisés, mais tous ces efforts se révèleront infructueux. On n'a pas trouvé le moindre indice permettant d'expliquer la disparition de Brandon.

L'affaire Brandon Swanson, qui a fortement choqué le public américain, est la preuve que l'on peut disparaître de la surface de la Terre pendant qu'on téléphone à un proche. Ironie du sort, si l'étudiant avait composé le 911 juste après son accident, la police aurait été capable de le géolocaliser avec une précision inférieure à 100 m.

Et de le sauver.

Commentaires

Qu'est-il arrivé à Brandon ? Une décennie après les faits, cette question continue de hanter ses parents, bien sûr, mais aussi des milliers d'internautes qui se passionnent pour l'affaire. Revenons sur les principales zones d'ombre du dossier. D'abord, comment Brandon a-t-il pu se tromper à ce point de localisation ? Une combinaison de facteurs (fatigue, alcool, froid, manque de concentration) l'a probablement induit en erreur, ainsi qu'un autre élément : son temps de trajet. Si Brandon avait l'habitude d'aller de Canby à Marshall en passant par la Highway 68, il empruntait rarement les routes de campagne. Étant donné qu'il a passé beaucoup de temps à faire des détours, il a eu l'impression d'être presque arrivé. En prime, il semblerait qu'il ait confondu le lieu de son accident avec une autre route de graviers qu'il connaissait, au bord de la Highway 23, entre Marshall et Lynd, près d'un terrain de golf.

Brandon n'a pas disparu volontairement, c'est évident. S'il avait voulu s'enfuir, il n'aurait sûrement pas appelé ses parents. Il serait parti. Point barre. Pourquoi inventer une telle mise en scène ? Sans compter qu'en 2008, nous étions dans l'Amérique post-11-Septembre : Brandon ne pouvait prendre l'avion sans utiliser son passeport. Pour une raison inconnue, l'étudiant n'a plus donné signe de vie depuis le 14 mai 2008 à 3 h 10 du matin. La seule chose dont on soit sûr, c'est qu'il lui est arrivé un évènement brutal et imprévu. Oui, mais lequel ? À mon avis, Brandon est décédé cette nuit-là, seulement, est-il mort à la seconde où son téléphone a coupé, ou plus tard ? Aveugle d'un œil, Brandon serait-il tombé dans la Yellow Medicine River ? Quelques minutes plus tôt, il avait dit à son père entendre un clapotis dans les parages. Brandon aurait trébuché, c'est pourquoi il a juré à voix haute, par réflexe. Il aurait lâché son téléphone qui serait tombé dans l'eau et aurait été mis instantanément hors service (l'eau oxyde les composants électroniques). Oui, mais souvenez-vous que son père l'a tout de suite rappelé et qu'il a dit que l'appareil avait sonné dans le vide.

Parlons maintenant un peu technique. Si l'on s'efforce de raisonner d'une manière logique, cela signifie que l'appareil était allumé et, a priori, en état de marche, mais que son propriétaire n'a pas pris l'appel. Car, lorsqu'un téléphone est éteint, l'appel bascule directement vers la messagerie vocale. C'est également le cas si la batterie est à plat ou si on la retire. Seulement, ça n'est pas si simple. Selon les pratiques des opérateurs mobiles, les modèles et les réglages des appareils, la sonnerie artificielle (que vous entendez dans l'écouteur) ne signifie pas forcément que l'appareil de votre correspondant sonne, mais juste qu'on essaye de faire aboutir votre appel. Autre idée reçue : un téléphone portable n'active pas forcément l'antenne-relais la plus proche. En réalité, il envoie un signal radiofréquence à toutes les tours dans un rayon d'une trentaine de kilomètres. Impossible de savoir sur quelle antenne GSM votre appel va rebondir. Plusieurs facteurs rentrent en ligne de compte : la topographie des lieux, les conditions atmosphériques, etc. En fait, le centre de commutation régional, qui cherche à fluidifier au maximum les appels sur le réseau, s'adapte en temps réel. Le système informatique choisit quelle antenne-relais il va utiliser parmi celles disponibles et c'est très aléatoire : vous pouvez passer cinq appels successifs du même endroit et activer à chaque fois une antenne différente. Que la technologie ne soit pas forcément en mesure de tracer chaque individu en permanence est sans doute une bonne nouvelle pour la démocratie, sauf dans le cas présent.

J'ai l'intime conviction que Brandon ne s'est pas noyé dans la Yellow Medicine River parce que c'est sans conteste la rivière ayant été la plus fouillée dans l'histoire des États-Unis (quasiment tous les ans depuis 2008). Elle est relativement peu profonde. En mai 2008, son débit était insuffisant pour emporter loin un cadavre. Le corps de Brandon aurait pu rester coincé sous une branche au fond de l'eau, mais un noyé dégage forcément des gaz de décomposition qui remontent à la surface. Les *cadaver dogs* les auraient détectés. Pour finir, le niveau de cette rivière baisse énormément l'été. Elle est parfois à sec. En conclusion : on aurait obligatoirement récupéré quelque chose, un jour. Hypothèse plus crédible : Brandon serait tombé dans la rivière, mais aurait réussi à ressortir de l'eau. Les vêtements trempés, il aurait divagué dans la campagne (car l'hypothermie réduit les capacités mentales) avant de mourir de froid. Compte tenu des températures enregistrées la nuit du drame - elles sont tombées à 4 °C - des spécialistes ont estimé que Brandon pouvait marcher au moins deux heures et demie avant de succomber aux éléments. D'accord, mais, encore une fois, pourquoi n'a-t-on pas trouvé son corps ? S'il était décédé dans un champ, un agriculteur l'aurait repéré, surtout qu'à la période des faits, les cultures n'avaient pas encore poussé. Certains ont avancé l'idée que Brandon se serait réfugié dans un bâtiment désaffecté ou sous un engin agricole, mais tous les puits et fermes abandonnés du secteur ont été vérifiés, et on n'a jamais rien découvert. Excluons aussi la thèse d'un accident de la circulation : Brandon n'a pas été fauché par une voiture pendant qu'il marchait sur la route, parce que son père (avec qui il était au téléphone) aurait entendu en direct des crissements de pneus ou un bruit d'impact, et surtout, l'étudiant coupait à travers champs quand la communication a été interrompue.

La disparition d'origine criminelle est davantage concevable dans ce dossier. Après avoir cassé son téléphone portable, Brandon serait revenu sur une route. Il aurait été recueilli par un automobiliste apparemment amical qui se serait révélé être un dangereux psychopathe. Des personnes malveillantes peuvent, en effet, rôder la nuit sur les routes de campagne. Autre variante : Brandon aurait sonné à la porte d'un habitant du coin pour utiliser son téléphone, seulement, il serait tombé chez un *serial killer*. On prête décidément beaucoup aux tueurs en série. Un homicide involontaire est, selon moi, plus réaliste : Brandon aurait cogné à la porte d'une maison en pleine nuit et ça se serait mal passé. Sachant que l'étudiant n'était pas dans son état normal, confus et stressé, l'occupant des lieux aurait pris peur. Croyant avoir affaire à un drogué, il lui aurait tiré dessus, ou alors, Brandon se serait fait abattre pendant qu'il traversait une propriété privée à 2 h du matin. Le tireur se serait ensuite débarrassé de son cadavre, pour ne pas avoir de problème.

Après mûre réflexion, je pense que Brandon est très certainement décédé de manière naturelle (hypothermie ou accident) sur une propriété privée. Il faut faire preuve de bon sens : toutes les terres de la région sont fertiles et cultivées. Depuis dix ans, il y a de grandes chances qu'un exploitant agricole ait découvert le corps de Brandon ou l'un de ses effets personnels (vêtement, casquette, portefeuille, portable, chaîne en argent, clés) seulement, il ne l'a pas dit aux autorités et a tout fait disparaître pour une raison qui lui appartient : peur de poursuites judiciaires, défaut d'assurance, activité illégale, méfiance vis-à-vis de la police, envie de rester tranquille…

Saura-t-on un jour ce qu'il est advenu de Brandon Swanson ? Et s'il était tombé sur un prédateur inconnu rôdant la nuit dans la campagne du Minnesota ? Nous aurons l'occasion de reparler de ce dossier dans la partie II.

CAS N° 11

JOHN PARSONS
AUSTRALIE
2008

Les faits

Situé au cœur de l'océan Pacifique, l'archipel d'Hawaii est constitué d'une centaine d'îles volcaniques couvertes d'une forêt tropicale luxuriante. Nous sommes en 2008, sur l'île d'O'ahu, à quelques kilomètres seulement de Pearl Harbor, lieu de la célèbre attaque japonaise du 7 décembre 1941. Originaire de la ville de Bendigo, en Australie, John Parsons a 77 ans. Douze fois grand-père et très croyant, John a beaucoup d'amis, partout dans le monde. Chaque année, il vient passer quelques semaines à O'ahu, dans la maison d'une amie, à Pearl City. Constructeur à la retraite, John a certes déjà eu quelques alertes cardiaques dans le passé, mais c'est un sportif accompli. Le matin du 4 septembre 2008, vers 10 h, il annonce à son amie qu'il part faire une randonnée seul sur le Waimalu Ditch Trail, un sentier sur les hauteurs de Pearl Ridge. Il lui dit qu'il sera de retour dans trois heures et quitte la maison avec une bouteille d'eau. John connaît bien le Waimalu Ditch Trail qui n'est pas vraiment un sentier de randonnée, mais plus un chemin emprunté par les chasseurs de cochons sauvages, nombreux dans l'archipel. À l'instar de tous les sentiers de montagne d'Hawaii, le Waimalu Ditch Trail est bordé de pentes abruptes à la végétation particulièrement touffue. Après avoir parcouru cinq kilomètres, John rencontre un chasseur et son chien. Avenant, John discute avec lui. Les deux hommes font un bout de chemin ensemble. Soudain, le chien détale sur le sentier devant eux. Il a probablement flairé un porc sauvage et est parti à sa poursuite. Le chasseur conseille à John de rester où il est, le temps qu'il aille voir ce qui se passe. Le retraité accepte, mais lorsque le chasseur revient, 45 minutes plus tard, le septuagénaire n'est plus là (cf. un article du journal *Sydney Morning Herald* du 9 septembre 2008).

Ne voyant pas John revenir à 13 h comme prévu, son amie prévient les secours de Pearl City qui partent immédiatement sur le Waimalu Ditch Trail, épaulés par des chiens pisteurs. Les équipes de *Search and Rescue* arpentent le sentier, en quête du disparu, mais leurs efforts restent stériles. Le problème, c'est que le terrain, très accidenté, est ponctué de dangereux à-pics. Par endroits, le sol présente une inclinaison de 80 degrés. Dans les jours suivants, des membres de la famille de John (notamment ses deux filles) viennent à Hawaii pour participer aux recherches avec les membres des services d'urgence et des bénévoles. Ce sont maintenant des dizaines de personnes qui parcourent le Waimalu Ditch Trail et ses alentours. Plusieurs hélicoptères sont déployés sur zone pour tenter de repérer l'Australien du ciel. Ils survolent un secteur de 15 km², du sommet de la crête jusque dans la vallée, seulement, la canopée de la jungle limite la visibilité. Des alpinistes descendent en rappel au fond des ravins escarpés, pour vérifier. Ils sont vides. La famille Parsons ne croit pas que John ait eu un problème médical. Il faisait régulièrement de la randonnée dans l'Himalaya, et, deux semaines plus tôt, il avait effectué un trek dans le désert du Nevada. En outre, il était habitué des lieux, et, même s'il s'était égaré, John pouvait survivre. Il ne risquait nullement l'hypothermie, puisqu'Hawaii connaît un climat tropical et, en plus, regorge de fruits exotiques. Treize jours après sa disparition, on n'a pas trouvé la moindre trace du randonneur et les autorités suspendent l'opération de *Search and Rescue*.

DISPARUS DANS LA NATURE (MONDE)

Plus d'un an s'écoule, et, au printemps 2009, coup de théâtre : des chasseurs trouvent des indices importants à quatre kilomètres du départ du Waimalu Ditch Trail : la carte de retraite et le dentier de John Parsons. Mais on ne parvient toujours pas à mettre la main sur son corps. Nouveau rebondissement, quelques mois plus tard, un chien rapporte à son maître un os de jambe humaine. La police hawaïenne transmet l'ossement à un laboratoire génétique afin de procéder à des tests. Lorsque l'ADN parle, c'est la déception. L'os n'appartient pas à l'Australien. Si, à l'heure actuelle, John Parsons fait toujours partie de la liste des personnes portées disparues à Hawaii, il est présumé mort. Après enquête, le département de la Police d'Honolulu a déclaré qu'il n'y avait aucune preuve d'un crime. La cause de sa mort reste inconnue.

Commentaires

Aujourd'hui, une plaque à la mémoire de John Parsons accueille les visiteurs au départ du Waimalu Ditch Trail, mais sa famille est toujours en attente de réponses. C'est un fait : les sentiers d'Hawaii comptent parmi les plus dangereux au monde. Nombre de randonneurs meurent chaque année à O'ahu parce que le basalte est omniprésent sur l'île. Très fragile, cette roche volcanique peut casser à tout moment sous le poids des promeneurs et provoquer des chutes fatales. Les paysages fantastiques d'Hawaii réservent quantité d'autres pièges pour les promeneurs (glissements de terrain, crues soudaines, coulées de lave, gaz et plantes toxiques), cependant, on retrouve presque toujours les cadavres, à plus ou moins longue échéance.

En ce qui concerne John Parsons, une hypothèse est envisageable : l'attaque par un animal sauvage. La dernière fois qu'il a été vu, John se trouvait dans une zone fréquentée par des cochons sauvages, réputés pour leur dangerosité. Ces bêtes, qui défendent leur territoire et leurs petits, sont encore plus imprévisibles quand elles sont stressées, par exemple, durant la saison de la chasse. Le 4 septembre 2008, John aurait ainsi pu rencontrer une meute de porcs sauvages. Des animaux de 150 kg, dont la gueule est dotée de quatre défenses pointues de douze centimètres, et qui n'hésitent pas à charger quiconque se trouvant sur leur passage. Ce scénario tient la route, et si on n'a rien retrouvé du randonneur, c'est parce que les cochons sont capables de dévorer en entier un être humain.

Bien sûr, John aurait pu être victime d'un meurtre, néanmoins, le chasseur - la dernière personne à lui avoir parlé - a été mis hors de cause par la police. Et quel aurait été son mobile ? John n'avait pas d'argent sur lui et inspirait la sympathie. Hypothèse plus plausible : après être sorti du sentier, John serait tombé sur une plantation illégale de marijuana (les cultures clandestines prolifèrent dans la région). À Hawaii, les producteurs de drogue peuvent se montrer violents envers les curieux. Pour protéger leur business, ils sont prêts à tout.

Le plus inquiétant, c'est que, selon les locaux, John Parsons n'est pas la première personne à s'être envolée mystérieusement le long du Waimalu Ditch Trail. L'explication résiderait-elle dans l'une des légendes d'Hawaii ?

CAS N° 12

MYLES ROBINSON
SUISSE
2009

Les faits

Nous sommes le 22 décembre 2009, à Wengen, une station de ski suisse située à 1 274 m d'altitude, dans les Alpes bernoises. À Wengen, l'air est particulièrement pur. En effet, la station n'est accessible qu'en téléphérique et les voitures y sont interdites.

Comme chaque année, M. et Mme Robinson et leurs enfants, Myles et Cara, passent Noël à Wengen. Originaires de Wandsworth, au sud-ouest de Londres, les Robinson sont descendus à Hôtel Eiger. Diplômé de l'Université de Newcastle, où il a étudié l'économie et les mathématiques, Myles, 23 ans, doit commencer à travailler dans la finance la semaine suivante. En attendant, il compte bien profiter de ses vacances. Ce mardi 22 décembre 2009, Myles passe la soirée avec sa sœur Cara et des amis au Blue Monkey, un bar de la station. C'est une soirée banale : ils jouent au billard et boivent quelques bières. À 2 h 19 du matin, Myles quitte le bar avec Amy O'Brien, une amie de la famille. Il la raccompagne à son hôtel, à quelques minutes à pied, puis rentre se coucher. L'horaire est connu avec précision car Myles a été filmé par une caméra de vidéosurveillance. Après, c'est l'inconnu. Le lendemain matin, M. et Mme Robinson et leur fille sont surpris que Myles ne soit pas rentré de la nuit. Ils tentent de le contacter sur son téléphone portable, mais les appels basculent directement sur sa messagerie vocale. À 12 h 15, ils contactent la police suisse qui est réactive. En début d'après-midi, elle commence à fouiller Wengen et ses environs pour retrouver Myles.

Dès le départ, les Robinson sont persuadés que Myles n'a pas disparu volontairement. Il traversait l'une des meilleures périodes de sa vie. Sophie, sa petite amie, devait le rejoindre pour le réveillon du Nouvel An, et, de toute façon, même si Myles avait décidé de s'enfuir sans prévenir quiconque, ça aurait été impossible. Rappelons qu'on ne peut accéder à Wengen qu'en téléphérique, qui ne fonctionne pas la nuit. En clair : après le coucher du soleil, le village est coupé du monde. Partir à pied dans la nuit glaciale est suicidaire, c'est pourquoi les proches de Myles sont convaincus qu'il est quelque part à Wengen. Peut-être blessé ou retenu contre son gré. Même si Myles est costaud - il mesure 1,98 m - on a pu le neutraliser. La famille Robinson ne reste donc pas les bras croisés. Elle met une telle pression sur les autorités locales qu'elle obtient l'autorisation exceptionnelle de faire du porte-à-porte dans toute la station pour savoir si les résidents ont vu Myles. Plus de soixante-dix personnes sonnent aux portes des maisons de Wengen pour interroger les habitants, mais tout ce déploiement d'énergie se révèlera inutile. Le 26 décembre 2009, la police interrompt les recherches, faute de résultat. Force est de constater que Myles Robinson n'est plus à Wengen.

Le lundi 28 décembre 2009, presque une semaine après sa disparition, les Robinson apprennent que le pire est arrivé : on a découvert le corps sans vie de Myles à Lauterbrunnen, un petit village à quelques kilomètres au sud-ouest de Wengen. Apparemment, il a fait une chute d'une centaine de mètres depuis une falaise glacée. Selon le rapport d'autopsie, le jeune homme est décédé des suites de ses blessures. Un détail est pour le moins bizarre : Myles a été retrouvé en chaussettes (ses chaussures ont été ramassées à proximité). Pour la police, le dossier est simple : l'Anglais aurait eu un accident sous l'emprise de l'alcool. En effet, les médias suisses ont révélé que l'Anglais avait un taux d'alcoolémie d'environ un gramme dans le sang. La priorité des enquêteurs est de comprendre ce qui a poussé Myles à tant s'éloigner de la station de sport d'hiver en pleine nuit. Des experts analysent les appels qu'il a passés et les SMS qu'il a envoyés avec son BlackBerry. Ça ne donnera rien.

Pourquoi le Britannique est-il allé à Lauterbrunnen à une heure aussi tardive ? Comment a-t-il fait ? Pour quel motif ne portait-il plus ses chaussures ? Autant de questions restées en suspens. La disparition de Myles Robinson n'est rien moins qu'un des plus grands mystères suisses de ces dernières années…

Commentaires

Pourquoi Myles Robinson s'est-il rendu à Lauterbrunnen au beau milieu de la nuit ? « Nous ne le saurons probablement jamais. » a déclaré la porte-parole de la police helvétique. Sachant qu'il venait skier à Wengen depuis quinze ans, le Britannique connaissait parfaitement les lieux. D'après ses proches, il est inconcevable que Myles se soit perdu. Ça ne leur a même pas effleuré l'esprit qu'il puisse être en dehors de la station. C'est pour cette raison qu'ils ont fait du porte-à-porte dans tout Wengen. La police a mis en cause l'alcool pour expliquer le drame. C'est vrai que Myles avait un taux d'alcoolémie d'un gramme dans le sang, mais il faut savoir qu'en Grande-Bretagne, le taux maximum autorisé est de 0,8 grammes. L'intoxication alcoolique de Myles était donc faible. Fréquenter les pubs est une tradition chez les Anglais et le jeune homme était habitué à boire quelques bières. Ça n'était pas la première fois qu'il faisait la fête à Wengen, et, précision importante : il n'avait pas pris de drogue ce soir-là.

Quand bien même il aurait été légèrement ivre, comment Myles est-il allé de Wengen à Lauterbrunnen ? À vol d'oiseau, les deux stations ne sont éloignées que d'1,1 km, mais si l'on tient compte de la réalité du terrain, la distance réelle est de deux à trois kilomètres. D'après un article du journal *The Telegraph* en date du 31 décembre 2009, le sentier qu'a emprunté Myles est considéré comme impraticable l'hiver. Il est déjà périlleux en période estivale, comme l'atteste le message d'une amie de Myles sur sa page Facebook : « Je ne peux pas imaginer comment il a pu aller si loin de Wengen. J'ai marché sur ce sentier en été, et ça prend des heures. Faire un tel trajet la nuit en hiver n'a aucun sens. » Sans oublier que, dès qu'on s'écarte des lumières de la station, on se retrouve dans le noir complet. C'est encore pire en cas de brouillard l'hiver. Il est très difficile de s'orienter.

En résumé, c'était infaisable d'aller à pied de Wengen à Lauterbrunnen, surtout qu'en plus, Myles Robinson ne portait plus ses chaussures. La police a théorisé qu'il les a perdues dans sa chute. Qui va croire ça ?

DISPARUS DANS LA NATURE (MONDE)

CAS N° 13

EMMA CAMPBELL
NOUVELLE ZÉLANDE
2010

Les faits

Nous sommes le 1ᵉʳ mai 2010, à Port Hills, près de Christchurch, la capitale de l'île du sud de la Nouvelle-Zélande. Vestige de l'ancien volcan Lyttleton, Port Hills est une série de collines sauvages prisées des promeneurs et vététistes. D'une hauteur d'environ 500 m, Port Hills est le lieu le plus élevé autour de Christchurch, qui est une ville très plate. Pour rallier Port Hills depuis la capitale, il faut emprunter Dyers Pass Road, une route sinueuse qui monte dans les collines inhabitées et couvertes de maquis.

Ce 1ᵉʳ mai 2010, vers 7 h du matin, une voiture de police qui patrouille sur Dyers Pass Road repère par hasard une voiture Toyota Corolla bleue arrêtée dans les broussailles, à quelques mètres en dehors de la route. Ça ressemble à un banal accident de la circulation, sauf que le véhicule est intact. Le conducteur est peut-être tombé en panne d'essence ? Les représentants de la loi vont inspecter la Corolla, dont la portière est ouverte. Elle est vide et il n'y a aucun mot sur le pare-brise. La voiture semble avoir été abandonnée par son propriétaire, car il n'y a personne aux alentours. À moins qu'elle n'ait été volée ? Les policiers se renseignent auprès du fichier des voitures volées, mais la Toyota n'y est pas inscrite. Ils étudient l'intérieur du véhicule - la clé est toujours sur le contact - et ils démarrent facilement le moteur. La voiture est en parfait état de marche et il y a de l'essence dans le réservoir. Perplexes, les policiers tâchent de comprendre ce qui s'est passé. Selon toute apparence, la Corolla s'est déportée sur l'accotement de la route, puis est rentrée dans les buissons à très faible allure, vu qu'elle n'est pas abîmée. Grâce aux plaques d'immatriculation, les officiers apprennent que la Corolla appartient à Emma Campbell, une jeune femme rousse à lunettes de 29 ans. À la recherche d'Emma, les policiers vérifient les environs et, à une dizaine de mètres, entre la voiture et un sentier de randonnée, ils repèrent des chaussures de sport rouges parmi les fougères écrasées. Plus loin, ils trouvent une montre, posée sur un rocher. Eu égard à ces indices inquiétants, ils font venir des renforts avec des chiens renifleurs. Dans le ciel, un hélicoptère équipé d'une caméra infrarouge survole le périmètre pour essayer de détecter la disparue. Des fouilles intensives sont menées dans les collines de Port Hills, mais Emma reste introuvable.

Tandis que les recherches s'enlisent sur le terrain, la police démarre une enquête en ville. On reconstitue rapidement l'emploi du temps d'Emma ce 1er mai 2010. À 5 h 20 du matin, elle a quitté son appartement de Bryndwyr dans la banlieue nord-ouest de Christchurch. Sportive, Emma allait régulièrement se promener dans la nature. C'était visiblement son intention ce matin-là. À 5 h 30, Emma s'est arrêtée avec sa Toyota dans une station-service Shell pour prendre de l'essence. Sur les images enregistrées par les caméras de vidéosurveillance, elle est souriante. Tout paraît normal (cf. un article du journal *NZ Herald* en date du 11 mars 2012). Une heure et demie plus tard, la patrouille de police trouve son véhicule vide au bord de Dyers Pass Road, à une douzaine de kilomètres de chez elle.

Pendant trois semaines, on cherche Emma dans les collines de Port Hills. En vain. De son côté, la police poursuit ses investigations et fouille la vie de la jeune femme. L'appartement et l'ordinateur d'Emma sont examinés. Plus de 180 personnes avec lesquelles elle a été en relation la semaine précédant sa disparition sont interrogées. Ça n'aboutit à rien. Si les enquêteurs traitent toujours l'affaire comme une simple disparition, ils se demandent si une tierce personne ne serait pas impliquée. Un tueur aurait-il maquillé son crime en fuite volontaire ? L'accident d'Emma donne l'impression d'une mise en scène, parce qu'on n'a relevé aucune trace de freinage sur la chaussée. De plus, la Toyota roulait très lentement. Emma serait-elle sortie délibérément de la route ? Selon ses proches, elle avait connu des passages dépressifs. Aurait-elle décidé d'en finir avec la vie ? Peut-être, mais dans ce cas, où est son corps ?

Les mois passent. Emma Campbell ne donne plus signe de vie. La police garde son dossier ouvert, néanmoins, elle a la conviction qu'Emma a connu un destin funeste. Les enquêteurs croisent les doigts. La région étant appréciée par les randonneurs, quelqu'un trouvera peut-être Emma par hasard.

Le coup de chance espéré viendra presque deux ans plus tard. Le 10 mars 2012, un chasseur contacte la police pour indiquer qu'il a découvert un corps dans un ravin broussailleux proche de Dyers Pass Road. Le cadavre est identifié formellement grâce à ses empreintes dentaires : il s'agit bien d'Emma Campbell. Le petit problème, c'est qu'on l'a trouvée à seulement 100 m du lieu où elle avait laissé sa voiture. Elle porte les mêmes vêtements que ceux filmés par les caméras de vidéosurveillance le 1er mai 2010, ce qui signifie qu'elle est certainement morte peu de temps après. Son corps est tellement dégradé que l'autopsie échoue à déterminer la cause du décès. Les circonstances exactes de la mort d'Emma Campbell restent inconnues à ce jour.

Commentaires

Ce dossier est très vraiment nébuleux. À première vue, il ressemble à l'acte fou d'une femme au bout du rouleau. Cependant, rien ne présageait qu'Emma allait commettre l'irréparable ce matin-là, si l'on en croit les images de vidéosurveillance de la station-service : la jeune femme souriait. Plusieurs détails clochent dans cette affaire. Qu'est-ce qui a causé cet accident de la route très inhabituel ? Pourquoi n'a-t-on pas retrouvé le corps d'Emma après la découverte de sa voiture ? Il n'était qu'à 100 m. Vus les moyens humains et technologiques considérables mis en œuvre pendant trois semaines, il est anormal que les secours aient loupé un cadavre si près d'eux. Les hommes sont certes faillibles, mais quid des chiens renifleurs ? Sans compter qu'un cadavre émet de la chaleur pendant plusieurs jours, il aurait dû être repéré par les caméras thermiques. Autres indices troublants : pourquoi Emma a-t-elle enlevé ses chaussures et surtout sa montre ? Le plus étonnant, et le mot est faible, c'est que – deux mois plus tard – un autre accident de voiture bizarre est survenu dans les collines au-dessus de Christchurch. Le 22 mai 2012, une Fiat Tipo a été retrouvée intacte dans des buissons, au bord de Dyers Pass Road. Les secours ont sortis deux corps sans vie de l'habitacle : ceux de Marilyn Zidich, 62 ans, et de sa fille Selina Madden, 35 ans. On ignore de quoi elles sont mortes. Les résultats d'autopsie n'ont pas été rendus publics. Les deux femmes, qui vivaient dans un quartier nord de Christchurch, étaient portées disparues depuis quelques jours. Là où on bascule dans l'étrange, c'est que la voiture de Zidich et Madden s'est arrêtée quasiment au même endroit que celle d'Emma et dans des circonstances analogues (cf. un article du site stuff.com.nz du 22 mai 2012). Pour une raison inconnue, la Fiat est sortie de route et a stoppé lentement dans la végétation. Là encore, la police néo-zélandaise a déclaré n'avoir « aucune idée de ce qui avait pu se passer ».

CAS N° 14

MUHAMMAD
INDONÉSIE
2010

Les faits

Nous sommes en 2010, en Sulawesi du Sud, une grande île indonésienne, entre les Moluques et Bornéo. L'histoire démarre à Palopo, une ville côtière située dans une région sauvage et isolée de l'île. En 2010, cinq amis partent faire un trek de trois jours dans les montagnes couvertes de jungle, dans l'arrière-pays, à environ une heure de route de Palopo. Trois jours passent. Quatre jours. Cinq jours. Mais les randonneurs ne reviennent pas à Palopo comme prévu. Au bout d'une semaine, une femme commence à sérieusement s'inquiéter. Elle n'a plus de nouvelle de son frère, Muhammad, qui est l'un des membres du groupe. Lui et les autres trekkeurs ne sont toujours pas rentrés en ville. Le souci, c'est que la Sulawesi du Sud est une île assez pauvre. Il y a peu de services publics et les autorités ne disposent pas d'équipes de *Search and Rescue* professionnelles. Très angoissée, la sœur de Muhammad prend les choses en main. Elle ne gagne qu'un salaire modeste, mais finance elle-même une opération de recherche et sauvetage. Elle recrute des sauveteurs privés pour retrouver les disparus. Durant des semaines, les chercheurs explorent les montagnes sulawesiennes. Leur mission est épuisante et complexe, car nous sommes dans l'une des zones les plus méconnues de la planète. Un mois plus tard, l'équipe privée n'a toujours pas trouvé la moindre trace des randonneurs. La femme n'a pratiquement plus d'argent. Elle a investi toutes ses économies dans l'opération de recherche. Les sauveteurs sont sur le point d'abandonner et rentrer à Palopo, quand leurs efforts finissent par payer : ils récupèrent enfin l'un des disparus. C'est Muhammad, le frère de la femme qui les a recrutés. Muhammad a beaucoup maigri, mais il est vivant. C'est le seul rescapé du groupe de trekkeurs. On ne retrouvera jamais les autres. Muhammad est ramené à sa sœur, qui est folle de joie. Malheureusement, son frère a changé. Très affaibli, il ne parle plus. Traumatisé par son expérience dans la jungle, Muhammad reste muet pendant deux mois et lorsqu'il recouvre l'usage de la parole, il n'a conservé quasiment aucun souvenir de la randonnée tragique. Il se rappelle juste que le groupe de trekkeurs a été séparé à un moment donné et c'est tout. Au fil du temps, l'état physique et mental de Muhammad s'améliore. Des bribes de mémoire lui reviennent et il livre un récit stupéfiant à sa sœur. Muhammad raconte que, peu de temps avant d'être séparé de ses équipiers, il a aperçu de nombreuses petites créatures, tapies dans la jungle. Des êtres lilliputiens avec un nez, des minuscules yeux noirs et une bouche très grande par rapport à leur visage. Selon Muhammad, il ne s'agissait pas d'animaux. Détail perturbant : ces choses souriaient, mais leurs sourires étaient tellement disproportionnés sur leurs visages qu'ils en devenaient effrayants. On aurait dit des *smileys* démoniaques. Sidéré, Muhammad voulut montrer ces créatures inconnues aux autres, mais, apparemment, il était le seul à pouvoir les voir. C'est juste après cet incident qu'ils disparurent tous...

Commentaires

Le témoignage de Muhammad doit-il être pris au pied de la lettre ? Pas sûr. Dans la jungle, les matières organiques en décomposition dégagent des gaz toxiques pouvant provoquer des hallucinations visuelles et auditives, cependant, cette histoire inattendue fait écho à des croyances ancestrales en Indonésie. Rendez-vous dans la partie II pour en savoir plus.

DISPARUS DANS LA NATURE (MONDE)

CAS N° 15

XIAO
ISLANDE
2012

Les faits

Nous sommes le samedi 25 août 2012 en Islande, une île de l'Atlantique nord, entre le Groenland et la Norvège, dont les glaciers, fjords et étendues sauvages font le bonheur des visiteurs.

Ce jour-là, un car de touristes étrangers fait un arrêt dans un lieu considéré comme l'une des merveilles islandaises - l'*Eldgjá* – qui est une faille de plus de 30 kilomètres de long située dans le sud du pays. Une cinquantaine de vacanciers descendent du véhicule et se promènent un bonne heure dans les gorges et cratères de l'*Eldgjá*. Au moment de repartir, le chauffeur du bus compte les passagers et se rend compte avec inquiétude qu'il manque une personne décrite comme « une femme asiatique, vêtue de noir et parlant parfaitement l'anglais ». Appelons-la Xiao, car son nom n'a pas été révélé dans les médias. Le chauffeur alerte aussitôt la police islandaise qui cherche activement la disparue avec l'aide des passagers du bus. En fin d'après-midi, la nuit tombe et la touriste reste introuvable. Les recherches se poursuivent, mais on craint le pire, car, chaque année, des visiteurs perdent la vie en Islande. Les températures baissent drastiquement sur l'île après le coucher du soleil. Elles atteignent 0 °C même en plein été.

Les sauveteurs commencent à fatiguer, quand une femme asiatique participant aux recherches va voir le chauffeur du bus. Confuse, elle lui avoue qu'elle est la touriste portée disparue que tout le monde cherche depuis une demi-journée. En guise d'explications, elle dit qu'avant de remonter dans le bus, elle s'était rafraîchie et avait changé de vêtements. Voilà pourquoi ses compagnons de voyage ne l'ont pas reconnue. Ce n'est qu'au bout d'une douzaine d'heures que Xiao a réalisé subitement qu'elle correspondait en tous points à la description de la touriste introuvable (cf. un article du journal *The Independent* en date du 25 août 2012). Partie prenante de l'opération de *Search and Rescue*, cette femme se cherchait donc elle-même !

Commentaires

On peut être perdu sans même s'en rendre compte, c'est la leçon à tirer de cette affaire. Je tenais à vous narrer cette histoire beaucoup plus légère que les autres, mais pas moins incroyable. S'il peut prêter à sourire, comment un tel quiproquo a-t-il été possible ? Le policier islandais ayant organisé l'opération de recherche a expliqué que le comptage des passagers du bus n'avait pas été fait correctement par le chauffeur avant de repartir. Quant à Xiao, la vraie-fausse voyageuse perdue, a-t-elle été juste étourdie ou souffrait-elle de problèmes mentaux, comme par exemple d'un dédoublement de la personnalité ou trouble dissociatif de l'identité ?

À mon avis, la réponse est beaucoup plus simple. Cette touriste était probablement accaparée par son smartphone et les réseaux sociaux. Était-elle en train de prendre des photos du site ou de faire des selfies ? Le nez sur son écran, elle n'a pas réalisé ce qui se passait réellement autour d'elle. Finalement, elle était bel et bien perdue, mais dans *son* monde...

CAS N° 16

PRABHDEEP SRAWN
AUSTRALIE
2013

Les faits

Nous sommes en 2013, dans le parc national du Kosciuszko, dans l'État australien de Nouvelle-Galles du sud, à 354 km au sud-ouest de Sydney.

Canadien d'origine indienne âgé de 25 ans, Prabhdeep Srawn est étudiant en droit à la Bond University de Brisbane. Prabh, comme l'appelle sa famille, est en forme physique exceptionnelle. Réserviste dans l'armée canadienne, Prabh a pris une année sabbatique pour faire le tour du continent australien.

Le mardi 14 mai 2013, Prabh arrive en van de location au village de Charlotte Pass dans le but de faire une randonnée dans le parc national du Kosciuszko, le plus grand d'Australie, qui abrite les célèbres Snowy Mountains. En fin de matinée, Prabh s'élance sur le Main Range Walk, un sentier qui forme une boucle de 18 km et mène aux plus hauts sommets du pays. La météo est calme, mais vers midi, une tempête de neige frappe le parc national. Plus personne ne reverra Prabh et sa disparition deviendra l'une des plus mystérieuses d'Australie.

Le samedi 18 mai 2013, un employé d'hôtel du village de Charlotte Pass repère le van de Prabh qui n'a pas bougé du parking depuis le début de la semaine. Lorsqu'il lit que le pass d'entrée dans le parc national, sur le pare-brise, n'était valable que 24 heures, il avertit la police.

Les policiers de Nouvelle-Galles du sud cherchent alors Prabh sur le terrain avec l'aide de secouristes de haute montagne et même d'experts en survie. Les équipes au sol bénéficient du soutien d'équipes cynophiles, tandis que, dans les airs, trois hélicoptères scannent les versants des Snowy Mountains au moyen de caméras thermiques. L'Australie a rarement connu une opération de *Search and Rescue* de cette ampleur. Une large zone du parc national du Kosciuszko est méthodiquement fouillée.

De leur côté, les techniciens en télécom essayent de géolocaliser le téléphone portable de Prabh, avant qu'il n'ait cessé de fonctionner, mais l'analyse des *pings* de l'appareil ne débouche sur rien de probant. Au bout de deux semaines, la police de Nouvelle-Galles du Sud suspend les recherches. Elle a la certitude que Prabh est mort de froid le mardi 14 mai 2013. En effet, le Canadien ne transportait ni tente ni sac de couchage, et il avait acheté peu de nourriture au supermarché local. Dans ces conditions, pouvait-il survivre dans le blizzard glacial ?

Prabh, mort d'hypothermie ? La famille Srawn refuse d'y croire. Surentraîné, Prabh était doté d'un mental de fer. D'après ses proches, le mot « impossible » ne faisait pas partie de son vocabulaire. Profondément croyants, les Srawn sont persuadés qu'il est toujours vivant. Ces Canadiens d'origine indienne ne le cachent pas : ils croient aux miracles. Des prières sont organisées pour Prabh dans des temples Sikh de Mississauga, la ville dont il est originaire, près de Toronto, mais le miracle n'aura pas lieu. On est toujours sans nouvelle du randonneur. Soutenue par la communauté Sikh, la famille Srawn lance une pétition en ligne réclamant des moyens supplémentaires. Elle attire l'attention des médias sur l'affaire et envoie même des emails aux plus hautes instances australiennes et canadiennes, malheureusement, ces dernières ne donnent pas de suite favorable à sa demande.

En juillet 2013, les Srawn font le voyage depuis le Canada pour continuer les recherches avec une équipe de sauveteurs canadiens qu'ils payent avec leur propre argent. Sans succès.

En novembre 2013, ils reviennent, mais la région du Kosciuszko est recouverte par un épais manteau de neige. Tentative de la dernière chance, M. et Mme Srawn offrent une récompense de 100 000 dollars à quiconque retrouvera leur fils, mort ou vivant. Personne ne la touchera.

En juin 2015, deux ans après sa disparition, Prabh Srawn est déclaré officiellement mort. Selon le Coroner de l'État de Nouvelle-Galles du Sud, il aurait péri avant même que les recherches ne démarrent. Ça peut s'entendre, sauf que...

Le 22 mai 2013, au huitième jour de l'opération de *Search and Rescue*, deux park rangers participant aux recherches ont certifié avoir entendu des cris humains bizarres provenant de la zone où aurait disparu Prabh. La voix, presque inaudible, disait : « S'il vous plaît, aidez-moi. » (cf. un article d'ABC News du 28 mai 2015). Et ça n'est pas fini : des employés d'une centrale hydroélectrique des Snowy Mountains ont également perçu des hurlements dans le même secteur (cf. un article du journal *Canberra Times* du 24 mai 2014). Les secours ont redoublé d'efforts pour vérifier les parages, ils ont envoyé du monde et des hélicoptères sur place, mais il n'y avait personne. Selon les résultats de l'enquête, l'origine de ces cris reste inconnue.

Commentaires

À dire vrai, on n'est sûr que de deux choses dans ce dossier : Prabh a loué un van pour venir à Charlotte Pass et il ne l'a jamais récupéré. Excluons tout de suite l'hypothèse d'un suicide. Prabh était clairement heureux dans sa vie. Il fourmillait de projets et devait rentrer au Canada quelques semaines plus tard. Il avait même accepté d'être garçon d'honneur au mariage d'un ami. D'un autre côté, le Canadien aurait pu organiser sa fuite en laissant volontairement son van sur le parking et en embarquant à bord d'un autre véhicule. Étant donné que sa disparition n'a été rapportée que cinq jours après les faits, il avait le temps de partir loin de la Nouvelle-Galles du Sud. Si les Srawn n'ont pas cru une seule seconde à une fuite programmée, ils ont tout de même recruté un détective privé pour s'en assurer. La piste criminelle serait, à la rigueur, plus réaliste. Sociable, Prabh aurait pu tomber sur une personne animée de mauvaises intentions au cours de son voyage en solo. Mais tous les témoins l'ont vu quitter seul le village de Charlotte Pass le 14 mai 2014. Reste la thèse de l'accident. Si l'on se réfère au rapport officiel du Coroner de Nouvelle-Galles, le disparu était « peu expérimenté ». Cette remarque est contestable. Caporal-chef dans l'armée de réserve canadienne, Prabh avait suivi une formation intensive en techniques de survie. Ses chances de s'en tirer vivant étaient donc bien meilleures que celles d'un randonneur lambda. En analysant le disque dur de son ordinateur portable (trouvé dans son van), la police s'est rendu compte que la Canadien s'était beaucoup documenté sur le parc national du Kosciuskzo. Il avait téléchargé de nombreux plans et cartes.

Pourquoi n'a-t-on jamais retrouvé le corps de Prabh ? C'est le plus grand point d'interrogation dans cette affaire. Le Main Range Walk est l'un des sentiers les plus populaires d'Australie. Près de 10 000 personnes s'y promènent chaque été. Pendant un an, la police a distribué des flyers à tous les visiteurs entrant dans le parc national du Kosciuszko, avec l'espoir que quelqu'un tombe, par hasard, sur un indice. La logique aurait voulu qu'on découvre le cadavre du Canadien après la fonte des neiges, mais ç'a été le néant total. C'est d'autant plus surprenant qu'en 1999, on a récupéré au printemps les corps de quatre snowboardeurs portés disparus dans ce même parc national.

Autre mystère : les cris d'origine inconnue entendus par de nombreux témoins dans le secteur des recherches, le 22 mai 2013. Sachant qu'un hurlement ne porte guère au-delà de 400 m, est-il normal de ne pas localiser quelqu'un dans un rayon aussi faible ? Surtout avec des chiens renifleurs et des hélicoptères équipés de détecteurs infrarouges.

Cet incident pourrait sembler anodin, sauf qu'il rappelle curieusement une autre affaire évoquée dans mon précédent livre *Disparus dans la nature (USA)*. En juin 2013, un homme nommé Dale Stehling s'est volatilisé sur un sentier sans difficulté du parc national de Mesa Verde, au Colorado. Comme Prabh, on ne l'a plus jamais revu, mais plusieurs témoins crédibles ont juré avoir entendu un homme appeler à l'aide dans le secteur, juste après sa disparition. Malgré une fouille approfondie des lieux, on n'est jamais parvenu non plus à localiser l'origine des cris.

LIONEL CAMY

DISPARUS DANS LA NATURE (MONDE)

CAS N° 17

RAYMOND SALMEN
CANADA
2013

Les faits

Nous sommes le lundi 10 juin 2013, au lac Harrison, sur la côte ouest du Canada. D'une superficie de 218 km², le lac Harrison est le plus grand de la chaîne Côtière, en Colombie-Britannique.

Ce lundi, des campeurs appellent la Gendarmerie Royale du Canada (GRC) parce qu'ils ont entendu dans la nuit des coups de feu provenant d'une rive du lac. Suite à ce signalement, une patrouille de gendarmes va voir sur place et repère un camping-car garé dans la forêt, à proximité du lac. Ils identifient rapidement son propriétaire : Raymond Salmen, un chasseur de 65 ans originaire de Vancouver. Les fonctionnaires notent que deux chiens sont enfermés dans le camping-car, visiblement depuis un long moment. Leur maître n'étant nulle part aux alentours, il pourrait bien être l'auteur des coups de feu entendus la nuit précédente dans le secteur.

Dans l'optique de trouver Raymond, la GRC organise une opération de *Search and Rescue* et déploie plusieurs hélicoptères dans le ciel. Pendant deux jours, les recherches ne faiblissent pas, mais le chasseur reste introuvable.

Le jeudi 13 juin 2013, vers 15 h, un pilote d'hélicoptère repère des ballons sur une plage isolée du lac Harrison, à 400 m au nord du camping-car de Raymond. Les gendarmes vont immédiatement sur zone et découvrent des vêtements appartenant au sexagénaire, un fusil et des cartouches vides. (Il convient de préciser que les ballons repérés au départ sur la plage par le pilote d'hélicoptère n'avaient strictement aucun rapport avec Raymond.)

Au vu de ces éléments, les enquêteurs imaginent le scénario suivant : dans un état d'urgence médicale, Raymond aurait tenté de retourner à pied à son camping-car, seulement, il aurait été bloqué par des rochers au bord du lac. Dans l'impossibilité d'aller plus loin, il aurait tiré des coups de feu en l'air pour signaler sa présence : les fameuses détonations entendues la nuit par les campeurs. Ses tirs de détresse étant sans effet, le chasseur aurait alors tenté, selon les hommes de la GRC, de « traverser le lac Harrison à la nage » (*sic*) mais il se serait noyé (cf. un article du journal *Langley Times* du 13 juillet 2013). Le petit problème, c'est que les autorités n'arrivent pas à repêcher le corps de Raymond, au grand désespoir de sa femme Daniela.

Touchés par cette histoire, Gene et Sandy Ralston apportent gratuitement leur aide à Mme Salmen. Les Ralston ne sont pas n'importe qui. Spécialisés dans l'exploration sous-marine, ils ont récupéré 90 personnes noyées en dix ans grâce à un équipement de haute technologie. Forts de leur savoir-faire, les Ralston sondent tout le lac Harrison à l'aide d'un robot sous-marin pouvant descendre jusqu'à 300 m de profondeur. Résultat : nada.

La conclusion finale des Ralston est pour le moins intrigante : « Si Raymond était dans le lac, on l'aurait trouvé. »

DISPARUS DANS LA NATURE (MONDE)

Commentaires

Si Raymond n'était ni dans le lac ni sur ses rives, où était-il ? C'est la question centrale du dossier, mais ça n'est pas le seul point étrange de l'affaire. Daniela Salmen a noté un comportement inhabituel de la part de son mari. Raymond adorait ses chiens et ne s'en séparait jamais. Pour quelle raison les a-t-il donc laissés à l'intérieur de son camping-car ? « Je n'arrête pas de penser à ce qui a pu se passer pour qu'il parte sans ses chiens. » a déclaré Mme Salmen dans une interview sur CTV News le 12 juin 2013.

Autre bizarrerie de l'affaire, la Gendarmerie Royale du Canada (GRC) a théorisé que Raymond avait tenté de traverser le lac à la nage, au milieu de la nuit. Quelle idée saugrenue ! Si le chasseur se sentait incapable de marcher 400 m pour revenir à son camping-car, pensait-il sérieusement pouvoir nager dans une eau glaciale en pleine nuit ? Ça ne rime à rien. Autre illogisme : en cas de noyade, le corps de Raymond serait, tôt ou tard, remonté à la surface. Et même s'il était resté coincé dans les profondeurs, sous un tronc d'arbre par exemple, les *cadaver dogs* auraient obligatoirement senti les odeurs de décomposition.

J'ai gardé le meilleur pour la fin : le lac Harrison aurait-il une fâcheuse tendance à avaler les corps ? Il y a matière à s'interroger, car deux nageurs ont été récemment portés disparus au même endroit dans des circonstances étranges. Le lundi 8 juin 2015, deux hommes de Vancouver (de 23 et 25 ans) qui naviguaient sur le lac Harrison ont quitté leur embarcation pour une raison inconnue. D'après plusieurs témoins, ils voulaient nager jusqu'au rivage, mais ne l'ont jamais atteint. La GRC a déployé tous les moyens imaginables pour retrouver les deux nageurs, le fond du lac a même été examiné à l'aide d'un sonar, mais on n'a jamais repêché leurs dépouilles. Où sont-ils donc passés ?

LIONEL CAMY

CAS N° 18

VICTOR TENI
ESPAGNE
2014

Les faits

Nous sommes le 1ᵉʳ janvier 2014, aux Canaries, un archipel espagnol situé dans l'océan Atlantique, au large des côtes du Maroc. Le parc national de Teide, sur l'île de Tenerife, tire son nom du pic de Teide, un volcan qui est le point culminant de l'Espagne (il mesure 3 718 m). C'est précisément l'endroit qu'a choisi Victor Teni pour s'entraîner.

À 40 ans, Victor est un athlète de très haut niveau. Il participe aux compétitions Ironman (Homme de fer), des triathlons extrêmes consistant à enchaîner 3,8 km à la nage, 180 km de cyclisme, puis un marathon, soit une course à pied d'environ 42 km. Célibataire, l'Espagnol consacre toute sa vie à sa carrière sportive.

Pour le triathlète de renommée mondiale, l'année 2014 démarre sur les chapeaux de roues. Le matin du jour de l'an, Victor gare sa voiture près du refuge de montagne Edmundo Herrero, à environ 5 km du pic de Teide. Vers 11 h, il parle pour la dernière fois à sa famille et ses amis, puis commence son entraînement. Victor a prévu de courir toute la journée et de passer la nuit dans un autre refuge de montagne, près du Parador, seulement, il ne l'atteindra jamais. Le triathlète disparaît sans laisser de traces dans l'après-midi, voire la soirée du 1ᵉʳ janvier 2014.

Le 3 janvier 2014, Victor est officiellement porté

disparu.

Le 5 janvier 2014, dès 8 h du matin, une centaine de personnes fouillent Las Cañadas, à la recherche du sportif. Les secours sont composés, entre autres, de la Guardia Civil (la gendarmerie espagnole), d'alpinistes et de bénévoles. De son côté, la police recueille la déposition d'un randonneur qui est certain d'avoir vu Victor sur la route en direction de Teide, une heure avant la tombée de la nuit. Son témoignage semble crédible puisqu'il donne une description exacte des vêtements portés par Victor. Des investigations dans le domaine de la téléphonie mobile révèlent que le triathlète a effectivement été dans le secteur avant que sa batterie de portable ne tombe à plat.

Le 6 janvier 2014, des collègues sportifs de Victor viennent prêter main-forte aux secours. Au total, 250 personnes ratissent les sommets sans rien trouver.

Le 7 janvier 2014, la Garde civile fait venir une équipe canine. Elle prospecte un secteur où a eu lieu un éboulement, mais rentre bredouille.

Le 8 janvier 2014, un hélicoptère explore le pic de Teide en quête de Victor, mais le temps se dégrade. Des vents violents, accompagnés de chutes de neige, paralysent la région pendant deux jours. Toutes les voies d'accès sont fermées.

Le 10 janvier 2014, la disparition de Victor Teni prend une ampleur nationale. Carlos Alonso, le Président de Tenerife, annonce lui-même que sauver Victor est une priorité.

Le 11 janvier 2014, la météo s'améliore et les recherches reprennent de plus belle. L'armée, la Croix Rouge, la Protection Civile, ainsi que de multiples équipes canines et hélicoptères, arrivent sur la zone de recherche qui dépasse les frontières du parc national de Teide. Si les efforts ne faiblissent pas, ils ne portent toujours aucun fruit.

Le 14 janvier 2014, soit presque deux semaines après la disparition de Victor, le gouvernement des Canaries - impuissant - se résout à suspendre les recherches et remercie néanmoins tous ceux qui ont participé à l'opération de *Search and Rescue*. La liste est longue.

En réalité, les recherches se poursuivent encore pendant des mois. On sillonne le secteur avec des *cadaver dogs*, et, chaque week-end, les amis de Victor et sa mère arpentent le parc national de Teide, à la recherche d'indices. Ils ne ramasseront jamais rien. Selon un article du *Tenerife News* du 24 janvier 2015, il n'y a aucune explication à la disparition de Victor Teni.

Commentaires

Où a bien pu passer Victor Teni ? Débarrassons-nous tout de suite de l'hypothèse d'une fuite volontaire. Attaché à ses amis et à sa mère avec qui il vivait, Victor devait démarrer un nouvel emploi dans un centre de massage quelques jours plus tard. En tant que coureur de classe mondiale, il s'entraînait dur chaque jour. À force de sacrifices, il s'était qualifié pour le prestigieux triathlon Ironman d'Hawaii, alors, pourquoi tout plaquer quand on est au top de sa carrière ? En ce qui concerne la piste criminelle, la *Guardia Civil* n'y a jamais cru. Un enlèvement aurait éventuellement été envisageable, sauf qu'aucune rançon n'a jamais été demandée.

Si l'on procède par élimination, Victor aurait donc eu un accident. C'est l'explication officielle, seulement, on peut en douter, car des sportifs ont déjà été portés disparus dans le parc national de Teide et les secours les ont systématiquement retrouvés, avec beaucoup moins de moyens que ceux mis en œuvre pour Victor. Selon un ami proche du triathlète, les secours ont dressé la liste de tous les endroits du parc national où il aurait pu tomber. Toutes les grottes et cavités ont été scrupuleusement fouillées, mais on n'a rien trouvé. Le coureur de trail se serait-il perdu ? Difficile à croire quand on voit des photos du pic de Teide. À cette altitude, la vue porte très loin et le flanc du volcan est absolument nu. Le sol n'est que roche noire. Il n'y aucun couvert végétal susceptible de masquer un corps. Où le sportif est-il donc allé ? C'est insensé. On est en droit de se poser une dernière question : vu que Victor n'était plus sur la montagne, sinon on l'aurait retrouvé, était-il *dans* la montagne ?

<u>Mise à jour en octobre 2019</u> : selon les journaux *El País* et *The Mirror*, le corps de Victor Teni a été découvert le 27 octobre 2017 sur le flanc du volcan de Teide, caché derrière un rocher. Le dossier n'en reste pas moins mystérieux. Si l'on se fie aux apparences, le triathlète aurait fait une chute fatidique de 100 m, mais les circonstances précises de sa mort demeurent indéterminées. Toutes ses possessions ont été retrouvées, éparpillées sur le sol autour de lui. Détail étrange : en parfait état de conservation, la dépouille de Teni était « momifiée ».

DISPARUS DANS LA NATURE (MONDE)

CAS N° 19

KRIS KREMERS & LISANNE FROON
PANAMA
2014

Les faits

Nous sommes le 1ᵉʳ avril 2014, à Boquete, une petite ville de l'ouest du Panama, en Amérique centrale. Située sur les Terres Hautes, dans la province de Chiriqui, Boquete est proche de la frontière avec le Costa Rica. Lovée dans une vallée couverte de fleurs et de plantations de café, Boquete est une étape obligatoire au Panama pour les touristes avides de nature vierge. La ville, cernée de splendides montagnes, offre de nombreuses activités sportives dans les environs (randonnée, escalade, rafting).

Originaires d'Amersfoort, aux Pays-Bas, Kris Kremers, 21 ans, et Lisanne Froon, 22 ans, sont deux étudiantes brillantes. Kris est une petite blonde qui rêve d'une carrière d'actrice. Lisanne, elle, est une grande brune sportive passionnée de photo. Toutes deux ont travaillé dans un café-restaurant pendant l'année universitaire. Elles ont mis de l'argent de côté pour financer un voyage d'un mois et demi au Panama. Leur projet est de faire du bénévolat auprès d'enfants dans une école locale. Pour les deux amies, ce périple est aussi l'occasion d'apprendre l'espagnol en découvrant la beauté insolente du Panama. Le 29 mars 2014, Kris et Lisanne arrivent à Boquete. Elles sont au Panama depuis quinze jours et doivent démarrer leur travail bénévole, cependant, l'école d'accueil a fait preuve d'un certain manque d'organisation et les filles ne peuvent commencer à travailler comme prévu. Le programme est reporté d'une semaine, ce qui provoque la colère de

Lisanne à en croire son journal intime, mais ça ne dure pas. Les Néerlandaises, qui logent chez l'habitant, ont une semaine à tuer et décident d'en profiter pour visiter les environs splendides de Boquete. Elles réservent une excursion prévue le 2 avril 2014 sur le volcan Baru, un volcan de la région, avec l'un des meilleurs guides du coin qui s'appelle Feliciano (surnommons-le « le gentil guide »).

Le mardi 1ᵉʳ avril 2014, vers 11 h du matin, Kris et Lisa annoncent sur Facebook qu'elles partent se promener autour de Boquete. Même si c'est le début de la saison des pluies, le temps est magnifique et elles enfilent des vêtements légers : shorts et débardeurs. Le 2 avril 2014, les Néerlandaises ne se présentent pas au rendez-vous fixé avec Feliciano, le guide qui devait les emmener sur le volcan Baru. Surpris, il va voir leur famille d'accueil et apprend qu'elles ne sont pas rentrées de la nuit. Aussitôt saisie, la police inspecte les affaires des vacancières dans leur chambre. Apparemment, elles n'ont pas emporté grand-chose : Lisanne Froon a juste pris son sac à dos. Le 3 avril 2014, dès 8 h du matin, une opération de *Search and Rescue* d'envergure est organisée autour de Boquete. Le Système National de Protection Civile (SINAPROC) fait décoller des hélicoptères qui vont et viennent dans le ciel. Des policiers, assistés par des fermiers, fouillent la jungle à la recherche des disparues. Scénario catastrophe : Kris et Lisanne n'ont pas précisé où elles allaient se balader le 1ᵉʳ avril. Les secours ne savent tout simplement pas *où* les chercher. À Boquete, la nouvelle de la disparition des Européennes se répand comme une traînée de poudre et on obtient une information capitale : elles auraient été vues sur le sentier El Pianista, dont le départ n'est situé qu'à 7 km au nord de Boquete. Les pouvoirs publics y concentrent donc leurs recherches.

Avant de poursuivre, apportons quelques précisions sur El Pianista. Ce sentier d'environ 5 km est appelé « Le

Pianiste » car il grimpe une série de marches ressemblant à un clavier de piano. Il mène jusqu'au Mirador, un point de vue à 1 851 m d'altitude, qui correspond à la ligne continentale de partage des eaux, entre l'océan Pacifique et la mer des Caraïbes. Lorsque le ciel est dégagé, il est possible d'apercevoir la mer des deux côtés. Une expérience visuelle inoubliable. L'ascension vers le Mirador est plutôt facile. Il faut compter trois-quatre heures pour faire l'aller-retour.

Revenons aux faits. Le 6 avril 2014, les recherches piétinent depuis quatre jours et les autorités panaméennes reçoivent des renforts venus des Pays-Bas : des inspecteurs de police néerlandais accompagnés d'une douzaine de chiens pisteurs et renifleurs de cadavre. Les parents de Kris et Lisanne, qui n'ont plus de nouvelles de leurs filles depuis le 1er avril 2014 via l'application de messagerie instantanée WhatsApp, ont également fait le voyage. Ils offrent une récompense de 30 000 dollars à toute personne susceptible de les aider à localiser leurs filles. Pendant dix jours, on fouille la jungle de fond en comble. La nuit, les sauveteurs utilisent des fusées éclairantes, et font du bruit pour signaler leur présence. Malgré les limiers entraînés venus de Hollande, rien n'y fait, on ne trouve pas la moindre trace des deux Européennes.

Dix semaines passent. L'opération de *Search and Rescue* n'est plus qu'un lointain souvenir, quand, à la mi-juin 2014, un coup de théâtre survient : une femme de la tribu locale des Ngobe apporte à la police un sac à dos bleu. C'est celui de Lisanne Froon. Elle explique l'avoir trouvé sur une berge du Rio Culebra, ou rivière du Serpent, près du village d'Alto Romero, à environ 9 km au nord du sentier El Pianista. Détail important : elle assure qu'il n'était pas au bord de la rivière la veille. Les policiers sont perplexes car le sac à dos est dans un état quasi neuf. On n'a vraiment pas l'impression qu'il est resté deux mois et demi exposé aux intempéries. Son contenu est encore plus déconcertant : deux soutiens-gorges, deux smartphones (l'iPhone 4 de Kris, et le Samsung Galaxy S III de Lisanne), deux paires de lunettes de soleil, une bouteille d'eau, l'appareil photo numérique compact de Lisanne (un Canon Powershot SX270), son passeport et 83 dollars US. Le sac est propre et toutes les affaires sont parfaitement rangées à l'intérieur. Désireux de comprendre ce qui est arrivé aux filles, les fonctionnaires parcourent les photos dans la carte mémoire de l'appareil. Elles délivrent de précieuses informations sur le parcours des Hollandaises.

Les photos

Lorsqu'ils examinent les premiers clichés, les enquêteurs obtiennent la confirmation que les deux femmes étaient bien sur El Pianista le 1er avril 2014 (grâce aux dates et heures incrustées sur les images), néanmoins, le compact Canon Powershot n'a pas de GPS intégré et il est impossible de savoir avec précision où les photos ont été prises. Les premiers clichés sont tout à fait ordinaires. On voit Kris et Lisanne sur le sentier, entourées par la nature sauvage. Sur les prises de vue, on ne voit personne d'autre aux alentours. Vers 13 h, les amies atteignent le Mirador. Tour à tour, elles prennent la pose devant le panorama grandiose. Le temps est sec et ensoleillé. Tout paraît normal. Après avoir gagné le sommet, la plupart des visiteurs repartent en sens inverse vers Boquete, mais Kris et Lisanne ont visiblement décidé de pousser la promenade un peu plus loin. Après tout, il n'est que 13 h, la météo est exceptionnelle, alors, pourquoi ne pas en profiter ? Les filles s'engagent sur le sentier qui descend sur l'autre versant, derrière le Mirador. Ont-elles pensé que le sentier formait une boucle et revenait à leur point de départ ? Grave erreur. En réalité, Kris et Lisanne quittent la province touristique de Chiriqui et pénètrent dans celle de Bocas del Toro. Elles s'enfoncent dans une zone dangereuse du Panama où seules les tribus locales osent s'aventurer. Plus de 22 km de forêt tropicale quasi déserte jusqu'à la mer des Caraïbes. Si, dans sa première partie, El Pianista ne présente aucune difficulté, passé le Mirador, c'est tout le contraire. Le sentier - excessivement boueux - n'est plus entretenu par les rangers. Par endroits, il est encaissé dans des *barrancos*, de minuscules canyons aux parois rocheuses. À Bocas del Toro, il est fortement déconseillé de faire des randonnées sans guide. Non seulement on risque de se perdre (il n'y a pas de signalisation), mais les dangers sont pléthoriques : reptiles, ravins, rivières à forts courants, etc. Si l'enfer vert existe sur Terre, il doit ressembler à Bocas del Toro. Derrière le Mirador, il n'y a plus de réseau pour les téléphones portables. L'analyse de l'iPhone de Kris déterminera d'ailleurs qu'elle a perdu toute réception à partir de 13 h 39. Vingt minutes plus tard, Lisanne prend sa dernière photo de la journée.

Sur un cliché pris à 14 h, on voit Kris au bord d'une *quebrada*, un ruisseau rocailleux qui descend dans la jungle. Elle regarde Lisanne, l'air d'attendre. (À noter : Kris apparaît sur la majorité des clichés, c'est logique puisque l'appareil Canon appartenait à Lisanne et que celle-ci marchait derrière son amie.) Tout semble normal. La météo est au beau fixe et la rivière n'est pas en crue. Fait étonnant, Lisanne ne prendra plus de photo de tout l'après-midi, pourtant, il était tôt et, plus loin sur le sentier, une jolie cascade aurait mérité d'être immortalisée sur pellicule. Plus mystérieux encore : on ne se sert plus de l'appareil pendant une semaine, puis on l'utilise à nouveau, en pleine nuit. La carte mémoire du Canon contient une série de 90 photos prises le 8 avril 2014, entre 1 h et 4 h du matin, à un intervalle de deux minutes en moyenne (cf. un article de *La Estrella de Panama* du 10 juillet 2014). Les policiers font défiler les clichés et se sentent mal à l'aise.

Sur les 90 photos prises, 87 sont noires ou inexploitables, comme si le flash n'avait pas fonctionné. La carte mémoire est transmise à l'Institut néerlandais de médecine légale. Des spécialistes en traitement d'image réussissent à améliorer la qualité des trois seules photos viables, seulement, elles restent énigmatiques. De toute évidence, elles ont été prises la nuit, dans l'obscurité totale, quelque part dans la jungle. Dans la pénombre, on distingue des roches et de la végétation en arrière-plan (on ignore l'angle exact de prise de vue). Ça n'a aucun sens. Et ces photos sont perturbantes : sur l'une d'elle, on voit l'arrière de la tête de Kris en gros plan et on discerne vaguement une plaie parmi ses cheveux blonds. Une autre photo, particulièrement angoissante, va provoquer l'agitation des internautes quand elle sera publiée sur la Toile : deux morceaux de matière rouge sont accrochés à une branchette sur un rocher où traînent quelques papiers aluminium semblables à des emballages de chewing-gum. Ce cliché aurait-il une signification cachée ? Certains observateurs vont émettre l'idée terrifiante qu'il s'agit de morceaux de peau humaine. Ou bien de préservatifs. On verra ultérieurement qu'il n'en est rien. Mais le but de cette série de photographies reste flou. Ont-elles été prises accidentellement ? On peut imaginer que Lisanne et Kris aient utilisé le flash de l'appareil pour éclairer leur chemin. À moins qu'une tierce personne ne se soit servie de l'appareil ? Bref, on nage en plein mystère.

Les téléphones

Si les photos des disparues glacent le sang, l'analyse des téléphones mobiles fournit également des informations inquiétantes. Le 1er avril 2014, entre 16 h 39 et 16 h 51, Kris et Lisanne ont chacune composé le 112, le numéro d'appel d'urgence aux Pays-Bas. Selon toute apparence, quelque chose s'est mal passé entre 14 h et 16 h 39. Quoi ? On ne le saura jamais puisque les appels n'ont pas abouti, la faute aux montagnes environnantes. En tout cas, un évènement imprévu est survenu dans ce créneau horaire. C'est pour cette raison qu'elles n'ont plus pris de photo ensuite. Les 2, 3 et 5 avril 2014, de nouveaux appels sont émis au 112 ainsi qu'au 911, le numéro des urgences au Panama. Il semblerait qu'entre chaque tentative, les appareils ont été éteints, ce qui s'avère une bonne stratégie pour économiser les batteries. À partir du 5 avril 2014, le téléphone Samsung Galaxy de Lisanne cesse d'émettre car sa batterie est vide, mais l'iPhone 4 de Kris fonctionne toujours. Détail bizarre : les 6 et 11 avril 2014, on essaye de s'en servir, sans réussir à entrer le code PIN. Ce qui signifie deux choses : soit Kris ne se souvenait plus de son code secret, soit quelqu'un d'autre a cherché à utiliser son iPhone.

Reprenons la chronologie des faits. En août 2014, soit quatre mois après la disparition des filles, des autochtones font une découverte macabre, encore au bord du Rio Culebra, quelques kilomètres avant l'endroit où avait été récupéré le sac à dos. Des locaux ramassent cinq fragments d'os, notamment un pelvis, c'est-à-dire un os du bassin et une chaussure de randonnée de marque néerlandaise avec un pied humain à l'intérieur. Détail important : il a été ramassé *derrière* un arbre. Après expertise ADN, on obtient la confirmation que c'est un pied de Lisanne et que le pelvis appartient à Kris, néanmoins, les enquêteurs sont déroutés, car des fragments d'os n'appartiennent pas aux Hollandaises, mais à trois autres personnes qu'on ne parviendra jamais à identifier. En amont de la rivière, on a aussi ramassé sur un rocher le short en jean de Kris, soigneusement plié. S'il est donc bien arrivé malheur aux deux *turistas*, de quoi sont-elles mortes ? Impossible de le savoir. Les restes humains collectés le long du Rio Culebra sont insuffisants pour que les médecins légistes panaméens puissent se prononcer. Idem pour leurs collègues néerlandais.

L'hypothèse criminelle

Contre toute attente, il n'y a pas lieu d'ouvrir une enquête criminelle pour les autorités panaméennes. S'il y a beaucoup d'insécurité en Amérique centrale (n'oublions pas que la Colombie est voisine du Panama), le secteur de Boquete est considéré comme assez sûr pour les touristes. La possibilité d'un crime a, malgré tout, été étudiée. Des témoins ont indiqué avoir vu Kris et Lisanne le matin du 1er avril 2014 en compagnie de deux jeunes hommes de la même nationalité. Effectivement, ils ont pris un brunch ensemble, mais se sont ensuite séparés. Les deux Néerlandais ne sont pas allés sur El Pianista avec les filles, sinon, on les aurait aperçus sur les photos prises par Lisanne. Enfin, la police les a retrouvés par la suite et ils ont été mis hors de cause.

Un guide touristique a lui aussi été suspecté dans cette affaire. Attention, on ne parle pas de Feliciano, « le gentil guide ». Le 31 mars 2014, la veille de leur disparition, cet individu avait proposé aux Hollandaises de les emmener précisément sur El Pianista, mais elles avaient refusé ses services pour une raison inconnue. Apparemment, ce guide n'a pas très bonne réputation. Des femmes se sont déjà plaintes de son comportement déplacé. Il est propriétaire d'un ranch à Bocas del Toro, à seulement deux heures du Mirador. Son fils vit dans le village Alto Romero, tout près du lieu où l'on a ramassé le sac à dos de Lisanne. Et surtout, ce guide est l'une des personnes qui ont trouvé les os des filles au bord du Rio Culebra. Des coïncidences pour le moins troublantes. Quoi qu'il en soit, ce guide au profil de suspect numéro un n'a pas vraiment été inquiété par les autorités. En raison de son innocence ? Nul ne le sait, toutefois, il est connu que la police est gangrénée par la corruption en Amérique centrale.

Si l'hypothèse d'un meurtre brutal est ici tentante, plusieurs points ne collent pas. Kris et Lisanne étaient visiblement seules sur le sentier (on ne voit aucun homme à côté d'elles sur les photos) et un assaillant ne les aurait sûrement pas laissées se servir de leurs appareils. Pour finir, rien n'a été volé (équipements électroniques, argent liquide) et aucune rançon n'a été réclamée, dans une région du monde où c'est une pratique courante. Le mobile aurait, bien sûr, pu être sexuel (un viol suivi d'un meurtre), cependant, il est illogique qu'on n'ait pas fait disparaître après l'appareil photo et les téléphones qui contenaient des informations permettant de remonter aux auteurs des faits. Pour le gouvernement panaméen, l'affaire est - somme toute - assez simple : les deux touristes européennes ont succombé à un dramatique accident.

Le scénario plausible de l'accident

Tentons de reconstituer les faits. Le 1er avril 2014, Kris et Lisanne montent sans encombre jusqu'au Mirador en fin de matinée. Après 13 h, elles descendent dans la jungle luxuriante de Bocas del Toro, quand un incident survient. Certains observateurs ont avancé l'idée que les filles étaient déjà perdues à 14 h, car, sur la dernière photo, celle prise près de la *quebrada*, Kris ne sourit plus. Son expression faciale suggère même qu'elle est contrariée. Quel problème ont eu les filles ? Impossible de le dire, mais je suis convaincu qu'une des filles (Kris et j'expliquerai pourquoi plus tard) a été immobilisée. Elle a pu se tordre la cheville ou se faire mordre par un serpent. Rappelez-vous que le Rio Culebra est surnommée la rivière du Serpent. La forêt tropicale de Bocas del Toro abrite 150 espèces de reptiles venimeux, notamment de dangereuses vipères sauteuses et le Busmaster, un crotale agressif qui mesure jusqu'à 3,50 m de long. Quelle que soit la cause, Kris ne peut plus avancer. Lisanne l'aide à marcher, mais peut-être qu'elles ne trouvent plus le chemin pour revenir à Boquette. Il est également possible qu'elles se soient égarées en cherchant un raccourci. Dès qu'on sort du sentier, on peut se perdre à une vitesse record. Les filles essayent de se débrouiller seules pendant plus de deux heures, et se rendent compte qu'elles sont coincées et n'arriveront pas à sortir seules de la jungle. (À noter : on comprend que Lisanne n'a plus la tête à prendre des photos souvenirs.)

Les Hollandaises commencent à paniquer et, à 16 h 39, elles appellent les secours. Double problème : il n'y a pas de réseau et elles composent un mauvais numéro. Le 112 est celui des urgences aux Pays-Bas, donc, même si leurs appels avaient abouti, ça n'aurait servi à rien. Ne pouvant compter que sur elles-mêmes dans l'immédiat, Lisanne prend les choses en main. À la nuit tombée, elle s'occupe de Kris dont l'état empire. Plusieurs cas de figure sont possibles : le venin du serpent fait effet ou elle est gravement déshydratée. Vu qu'elles n'avaient emporté qu'une seule bouteille d'eau, Kris a pu être tentée de boire l'eau d'un ruisseau. Un acte qui peut s'avérer lourd de conséquences : en Amérique centrale, l'eau douce contient des amibes et des parasites unicellulaires microscopiques. Ingérer de l'eau infectée provoque de terribles dysenteries. Pour les Néerlandaises, la situation devient rapidement critique, car la nuit, la température tombe à 10 °C dans la jungle panaméenne et c'est le noir complet. Les jours suivants, Lisanne va et vient dans le secteur pour retrouver le chemin du retour. Le souci, c'est qu'il est peut-être impossible de revenir à Boquette. S'il a fait beau le 1er avril 2014, les services météorologiques ont confirmé que la région de Bocas del Toro a connu des pluies orageuses les 3, 4 et 8 avril 2014. Dans ce cas, remonter la pente boueuse vers le Mirador est infaisable. Lisanne ne veut pas abandonner son amie et reste avec elle. Sans eau ni nourriture, elles s'affaiblissent lentement mais sûrement. Les experts en survie disent qu'une personne non préparée a une espérance de vie de sept à dix jours dans la jungle.

Ici c'est cohérent avec les faits, car la dernière tentative d'appel à l'aide a lieu le 11 avril 2014. Dix jours exactement après la disparition, quelqu'un tente de se servir de l'iPhone, mais échoue à entrer le code PIN. À mon avis, c'est Lisanne qui essaye d'utiliser le smartphone de Kris, sans avoir le bon mot de passe. Kris est certainement déjà morte à ce moment-là. C'est ce qui me fait dire que c'est elle qui a eu un gros problème le 1er avril entre 14 h et 16 h. Jusqu'ici, ce scénario paraît cohérent. Que s'est-il passé ensuite ? On a coutume de dire que, lorsqu'on est perdu en pleine nature, il faut suivre un cours d'eau. C'est sans doute ce qu'ont fait les Hollandaises durant la nuit du 8 avril 2014, la fameuse nuit où ont été prises les 90 photos. Lisanne utilise son appareil Canon entre 1 h et 4 h du matin. A-t-elle vu les fusées éclairantes des secours dans le ciel ? Je suppose qu'elle se sert du flash pour attirer l'attention des sauveteurs. Au cours de la nuit, Lisanne et Kris essayent de traverser une rivière ou un ravin sur un pont de fortune construit par les autochtones (trois cordes tendues au-dessus du vide). Au bord de la perte de conscience, Kris fait une chute mortelle. Pourquoi ? Parce que des spécialistes en photographie ont cru discerner un corps en arrière-plan sur une des photos prises cette nuit-là, mais ce n'est que pure conjecture. Pour être sûre de retrouver l'endroit où est tombée Kris, Lisanne accroche des morceaux de sac plastique rouge à une branchette sur un rocher en guise de repère, puis prend une photo. (À noter : on a retrouvé des sacs composés de la même matière dans la chambre des filles à Boquete.) Tout laisse à penser que Lisanne a survécu seule après le 11 avril. Combien de jours ? On l'ignore. Une fois décédée, son corps aurait été, comme celui de Kris, emporté par les flots et entraîné à des kilomètres en aval du Rio Culebra. Lisanne aurait perdu un pied en raclant sur les rochers au fond de l'eau. Les chevilles étant des parties fragiles du corps, les pieds ont tendance à se détacher des cadavres des noyés. Nous en arrivons donc à la conclusion du procureur général du Panama : les deux randonneuses ont été emportées par la rivière en crue. Avant de passer à la partie commentaires, mentionnons qu'un panneau avec marqué « FIN DU SENTIER. PAS DE CHEMIN RETOUR » a été récemment installé au sommet du Mirador. Il est on ne peut plus regrettable qu'il n'ait pas existé en 2014...

Commentaires

Étant donné que le tourisme au Panama génère un revenu annuel de quatre milliards de dollars, on peut comprendre que les autorités locales aient privilégié la piste accidentelle, seulement, tout le monde n'est pas d'accord avec ce scénario, à commencer par Enrique Arrocha, l'avocat des parents de Kris Kremers. Pour Arrocha, la version officielle de l'histoire n'a « aucun sens ». Il est vrai qu'elle comporte de nombreuses zones d'ombres, listées ci-dessous :

- **Le silence de Kris et Lisanne :** sachant qu'elles appartenaient à la génération Y, accros aux nouvelles technologies, et vue la durée de leur agonie, il est surprenant qu'elles n'aient laissé aucun message d'adieu à l'attention de leurs proches sur leurs téléphones portables.

- **L'endroit exact du drame :** Hans Kremers, le père de Kris, est retourné en septembre 2014 sur El Pianista pour bien visualiser les lieux, avec Feliciano, le « gentil guide », et ils n'ont pas compris comment les filles avaient pu se perdre. Il n'y a qu'un seul chemin. Plus déroutant, ils n'ont trouvé aucun endroit ressemblant à celui où ont été prises les 90 photos nocturnes. Le lieu précis de la tragédie reste donc inconnu.

- **La rivière :** le niveau de l'eau du Rio Culebra était insuffisant pour entraîner les restes jusqu'aux lieux de leur découverte. Une côte de Kris a été ramassée sur une berge à 15 km du Mirador. La chaussure de randonnée avec le pied humain à l'intérieur a, lui, été récupéré loin de la rive, *derrière* un arbre. Et la femme de la tribu des Ngobe qui a trouvé le sac à dos de Lisanne a juré qu'il n'était pas au bord de la rivière la veille. Comment est-il réapparu subitement, deux mois et demi après les faits ?

- La propreté des affaires des filles : le sac à dos et les vêtements collectés au bord du Rio Culebra étaient dans un état quasi immaculé. S'ils ont été charriés par les eaux boueuses de la rivière, on comprend difficilement comment ils ont pu rester aussi propres.

- Les ossements : pourquoi n'a-t-on presque rien retrouvé des squelettes des filles ? Où sont passés leurs crânes ? L'état des os pose aussi question. « Il est impossible qu'ils soient dans cet état. » a déclaré Arrocha. On dirait qu'ils ont été blanchis avec de l'eau de javel. Un légiste a dit publiquement que de la chaux aurait pu être utilisée dans l'objectif d'accélérer la décomposition du corps. A-t-on voulu cacher quelque chose ? Qui et quoi ? Dernière question : qui étaient les trois personnes dont on a trouvé des fragments d'os, en même temps que ceux des Européennes ?

- Les erreurs de la police : des fautes grossières ont été commises par la police locale. Pour ne citer qu'un seul exemple : aucune précaution n'a été prise pour préserver les éléments trouvés au bord du Rio Culebra. On a dénombré une trentaine d'empreintes digitales différentes sur le sac à dos de Lisanne, et les fonctionnaires n'ont pas pris la peine de recueillir celles des membres de la tribu des Ngobe. En clair, tout le monde a touché ce sac et l'a contaminé avec son ADN. Cet indice, pourtant capital, est devenu inexploitable pour la police scientifique.

- L'inefficacité des secours : vu que les autorités panaméennes ont déclenché une importante opération de *Search and Rescue* dès le 3 avril 2014, comment se fait-il qu'on n'ait pas trouvé Kris et Lisanne ? C'est invraisemblable qu'elles soient mortes si près des secours. Rendez-vous compte : à partir du 6 avril, mêmes les parents de Kris et Lisanne participaient aux recherches, et Lisanne était, a priori, toujours en vie le 11 avril. Une question technique me taraude : pourquoi n'a-t-on pas géolocalisé les smartphones des disparues ? L'un d'eux a fonctionné jusqu'au 11 avril grâce à une bonne gestion de la batterie. J'ai néanmoins une explication : à Bocas del Toro, il n'y a aucune couverture réseau. C'est une zone blanche. Les techniciens en télécom étaient donc aveugles.

- La photo 509 : en analysant la carte mémoire de l'appareil photo de Lisanne, les experts de la police scientifique se sont rendu compte que les clichés passaient directement du numéro 508 au numéro 510. Il manque une photo. La 509. C'est un détail, mais il est très perturbant. Nous reparlerons de la photo 509 dans la partie II.

- Où étaient les filles entre le 1ᵉʳ et le 11 avril 2014 ? La jungle est certes immense, mais des centaines de personnes l'on fouillée jour et nuit, sans succès. Le plus bizarre, c'est que Feliciano, le « gentil guide », a certifié être descendu derrière le Mirador le 3 avril 2014 et n'avoir vu personne, ni aucune empreinte.

Il faut tâcher de raisonner logiquement. Si l'on n'a pas trouvé Kris Kremers et Lisanne Froon dans la forêt vierge pendant dix jours, c'est peut-être parce qu'elles ne s'y trouvaient pas. Étaient-elles enfermées quelque part, ailleurs ? Et si l'on avait voulu nous faire croire qu'elles étaient perdues en disséminant des indices le long de la rivière ? Après tout, les 90 photos nocturnes du 8 avril 2014 ont pu être prises par n'importe qui…

DISPARUS DANS LA NATURE (MONDE)

CAS N° 20

LES DISPARUES DE PIHA NOUVELLE-ZÉLANDE 2017

Les faits

Nous sommes le vendredi 24 mars 2017 près d'Auckland, la capitale de l'île du nord de la Nouvelle-Zélande, dans l'hémisphère sud.

Kim Bambus est une ravissante infirmière de 21 ans. En cette veille de week-end, Kim se rend en voiture à Piha, un site côtier où les falaises côtoient des plages battues par les vents, à 40 km à l'ouest d'Auckland. La jeune femme a prévu de courir, comme elle en a l'habitude. Habillée d'un top rose et d'un short noir, elle porte aux pieds des chaussures de running Nike. Ses longs cheveux châtain frisés sont attachés en queue de cheval et elle tient une bouteille d'eau à la main. Kim démarre son jogging sur le Mercer Bay Loop Track, un sentier formant une boucle de 2,8 km le long de la côte déchiquetée. C'est la dernière fois qu'on verra l'infirmière.

Surpris de ne pas la voir rentrer en fin d'après-midi, ses colocataires vont la chercher à Piha, seulement, Kim n'est pas là. Vers 20 h, ils appellent la police qui se rend sur place et trouve la voiture de Kim garée sur le parking. Les policiers enquêtent et reconstituent le parcours de la joggeuse. Juste avant de rallier Piha, Kim a acheté un en-cas dans un magasin d'alimentation de Ponsonby, un faubourg d'Auckland (elle a été filmée par une caméra de vidéosurveillance). En ce qui concerne la suite des évènements, nul ne sait ce qui est arrivé à Kim. Le Mercer

Bay Loop Track est vérifié à de multiples reprises. Sans résultat. Chez les habitués des lieux, l'incompréhension est totale : le sentier est bien dessiné dans la végétation touffue. Comment la joggeuse a-t-elle pu en sortir ? Si les enquêteurs ne privilégient aucune piste pour l'instant, la disparition de Kim Bambus les inquiète particulièrement, parce que Piha a déjà été le théâtre d'évènements inexpliqués...

Cinq ans plus tôt, le 22 décembre 2012, Cherie Vousden, une femme de 42 ans était venue se promener sur le Mercer Bay Loop Track. Sa fille de treize ans ne l'a plus revue depuis cette date. Cherie venait souvent sur ce sentier pour réfléchir, admirer les couchers du soleil ou cueillir des marguerites. C'est comme si elle s'était dématérialisée durant sa balade. Les policiers ont juste retrouvé sa voiture garée sur le parking, près du départ du sentier, comme Kim Bambus. Après la fin des recherches officielles, les proches de Cherie ont continué de fouiller les lieux pendant des semaines. En vain. La mère de famille serait-elle tombée de la falaise dans la mer, 300 m plus bas ? Un Coroner a spéculé que la quadragénaire s'était noyée dans l'océan, mais son corps n'a jamais été repêché. À moins que les courants ne l'aient emporté au large ? Selon Rachel Vousden, la belle-sœur de Cherie, il y a quelque chose d'anormal à Piha. « On ne peut pas disparaître comme ça, sans laisser la moindre trace. » a-t-elle déclaré au journal *New Zealand Herald*. La réalité semble pourtant prouver le contraire.

Le pire, c'est qu'en creusant dans l'histoire des lieux, on a découvert qu'une troisième femme s'est évaporée sur ce morceau de côte sauvage...

Enseignante stagiaire de 25 ans, Iraena Asher a, elle aussi, disparu à Piha dans des circonstances énigmatiques. Le 11 octobre 2004, vers 2 h du matin, un couple promenant son chien avait vu la jeune femme marcher, à demi-nue, vers la plage. Les représentants de la loi ont présumé qu'elle était allée se baigner. Il faut concéder que Iraena souffrait d'un trouble bipolaire. Elle aurait pu avoir un épisode maniaque la nuit du drame, mais, là encore, on n'a jamais récupéré sa dépouille. À la lumière des faits ultérieurs, cette disparition demeure éminemment suspecte. Sans compter que Iraena, mannequin à ses heures, présentait une certaine ressemblance avec Kim Bambus et Cherie Vousden. Séduisante, elle arborait de longs cheveux bruns. Lorsqu'on voit les photos des trois femmes côte à côte, c'est frappant. Comme l'a titré la presse néo-zélandaise, Iraena « a disparu dans la nuit à Piha ». Faisons preuve d'honnêteté intellectuelle, Iraena a pu avoir un accident fatal causé par sa bipolarité, mais ses troubles mentaux n'expliquent pas pourquoi on n'est pas arrivé à mettre la main sur son corps…

Commentaires

Soulignons, avant toute chose, le caractère exceptionnel de cette histoire en Nouvelle-Zélande, qui possède un taux de criminalité très faible. En 2015, elle a été classée 4ème pays le plus sûr au monde. Autant vous dire que cette série de disparitions troublantes en un même lieu a fait grand bruit au pays des kiwis. Police, familles, médias, tout le monde s'interroge encore sur ce qui s'est passé sur ce sentier côtier assez banal. Cette succession de faits divers pourrait n'être qu'un hasard. Des accidents répétés sur un même site. D'accord, mais, dans ce cas, où sont passés les corps ? Si ces femmes étaient tombées de la falaise dans les rochers, on les aurait immanquablement retrouvées. Et même si elles avaient fait une chute dans l'eau, il est raisonnable de penser que les vagues, énormes à Piha, auraient rejeté les cadavres sur le rivage. En cas de noyades, on aurait probablement repêché au moins un corps, à plus ou moins long terme. Si ça n'est pas systématique, la mer rend souvent ses morts. Contrairement à une idée reçue, un cadavre de noyé finit toujours par remonter à la surface. C'est biologique. Au moment de la décomposition, il produit des gaz - dioxyde de carbone, méthane, thiosulfates - et se met à flotter. En prime, les eaux du secteur sont très fréquentées. Piha est considéré comme le meilleur spot de surf en Nouvelle-Zélande et la région d'Auckland, où est organisée la mythique America's Cup, détient le record mondial de bateaux par habitant, alors, pourquoi aucun surfeur, plaisancier ou pêcheur n'a-t-il jamais aperçu de corps en mer ?

La piste criminelle est, quant à elle, incertaine. D'accord, les victimes se ressemblaient, mais la société néo-zélandaise est relativement peu violente. Elle n'a connu dans son histoire qu'un seul tueur en série : Hayden Poulter, condamné à la prison en 1997 pour des meurtres de prostituées. Et surtout, les enquêteurs n'ont pas collecté le moindre indice pointant dans cette direction. C'est étonnant, car, en cas de meurtre ou d'enlèvement, un criminel - même ultra organisé - laisse presque toujours involontairement des traces qui n'échappent pas aux experts de la police scientifique. Sachant que, dans toute activité humaine, le zéro faute est extrêmement rare, est-il possible d'enchaîner trois crimes parfaits exactement au même endroit ? J'ai du mal à y croire. Encore une fois, la police scientifique a fait des progrès gigantesques grâce à la génétique et aux nouvelles technologies de l'information et de la communication. Et puis, c'est aberrant de frapper toujours sur un même sentier, très court et touristique. Les tueurs en série minimisent en général la prise de risque et l'on n'a jamais signalé de rôdeur au comportement suspect sur le Mercer Bay Loop Track. Alors, que dire de plus ? Eh bien, que Piha est le lieu d'une étrange légende maorie. Encore une coïncidence ? Nous en parlerons dans la partie II.

II. TENTATIVES D'EXPLICATIONS ALTERNATIVES

Suite à la lecture de ces histoires, vous devez ressentir, comme moi, un terrible sentiment de frustration. Quand on a fait le tour des explications rationnelles, on se retrouve, en effet, rapidement dans l'impasse. Face aux disparitions mystérieuses, l'homme cartésien est, le plus souvent, totalement démuni. Il est au bord d'un gouffre vertigineux. Celui de l'incertitude. C'est pourquoi je vais oser aller plus loin. Puisque nous sommes en présence de disparitions qui défient parfois la logique, pourquoi ne pas envisager les éventualités les plus folles ? Il convient néanmoins de se demander d'abord si la vérité est accessible à l'esprit humain. Sommes-nous seulement capables de comprendre ce qui s'est passé ? Malgré nos prodigieuses avancées technologiques au XXe siècle, je pense que l'homme moderne ignore encore quantité de choses. Et, peut-être, n'est-il pas apte à tout saisir ? Pour utiliser une métaphore informatique : si l'on peut comparer notre cerveau à un super ordinateur, une partie de l'univers qui nous entoure pourrait fonctionner selon un système d'exploitation radicalement différent. Notre logiciel d'analyse serait donc incompatible avec ce monde invisible et non palpable. Ces limites étant posées, essayons de trouver des réponses, ailleurs, parce que, quand on est en quête de vérité, on ne peut se contenter de constater les faits avec impuissance. Cette démarche implique de sortir de notre zone de confort intellectuel et de notre monde étriqué de certitudes, car, lorsqu'une disparition n'est pas normale, peut-être relève-t-elle du paranormal ? Envisageons maintenant des explications beaucoup plus originales et aussi controversées…

LIONEL CAMY

1. EXPÉRIMENTATIONS SECRÈTES

Dans mon précédent livre *Disparus dans la nature (USA)*, j'ai déjà évoqué les programmes terrifiants menés par les grandes puissances militaires de ce monde, notamment dans le domaine du contrôle mental. Sachant que, durant la guerre froide, les États-Unis ont testé des armes biologiques sur leur propre population, ils auraient également pu mener des expériences à l'origine de disparitions mystérieuses. Évoquons plusieurs technologies susceptibles de faire disparaître, au sens propre, des individus.

Téléportation

Dès qu'on parle de téléportation, on cite fréquemment la célèbre Expérience de Philadelphie. (Attention : il convient d'accueillir les informations qui suivent avec la prudence nécessaire.) En octobre 1943, l'US Navy aurait conduit un test secret à Philadelphie, en Pennsylvanie. À l'origine, son objectif était de faire disparaître des écrans radars un navire de guerre - l'*USS Eldridge* - en générant à bord un puissant champ magnétique. Il s'agissait donc au départ d'un simple test de furtivité, c'est-à-dire, de rendre le bateau indétectable aux radars, mines et torpilles magnétiques. Pour être très clair, le but de l'expérience n'était aucunement de rendre le navire invisible à l'œil humain. Quoi qu'il en soit, on raconte que l'*USS Eldridge* aurait disparu du quai de Philadelphie. Il aurait quitté le continuum espace-temps, serait réapparu à Norfolk en Virginie, avant de revenir à son lieu de départ, en Pennsylvanie. Le résultat de l'Expérience de Philadelphie aurait ainsi dépassé les attentes des militaires, seulement, les effets sur l'équipage auraient été désastreux : certains marins se seraient effacés de la réalité tels des fantômes, d'autres se seraient perdus dans le continuum espace-temps. Soulevons maintenant une question en rapport avec le Triangle de Bennington (le cas n° 2) : l'US Army aurait-elle procédé à des essais similaires, terrestres cette fois, dans le Vermont à partir de 1945 ? La proximité temporelle et géographique des deux évènements est curieuse. Il ne serait pas sérieux de prendre le récit de l'Expérience de Philadelphie pour argent comptant. Par contre, il est incontestable que des scientifiques de très haut niveau mènent actuellement des recherches dans le domaine de la téléportation. Récemment, le Groupe de Physique Appliquée de l'université de Genève a réussi l'exploit de téléporter l'état quantique d'un photon sur une distance de 25 km de fibre optique (cf. un article de *Live Science* du 8 décembre 2014). Cette prouesse technique ouvre des perspectives intéressantes pour l'avenir.

Invisibilité

La tromperie est l'un des principes fondamentaux de la guerre du futur. Voir l'ennemi sans être vu est le rêve de toute armée. C'est apparemment aujourd'hui une réalité. Dès 2006, John Pendry, un physicien à l'Imperial College de Londres, a montré qu'il était possible de plier la lumière autour d'un objet et de le masquer en se servant de métamatériaux. Selon un article du journal *Daily Mail*, l'armée britannique a testé en 2007 une technologie à base de projecteurs permettant de rendre un char d'assaut invisible à l'œil nu. La méthode consiste à diffuser des images de l'arrière-plan du tank devant l'engin, donc s'il se trouve devant une forêt, vous ne voyez que la forêt, pourtant le char est bien là.

Selon un article du 6 mai 2015 sur le site internet du magazine *New Scientist*, l'armée américaine a officiellement déclaré qu'elle souhaitait équiper ses soldats d'uniformes invisibles. En fait, l'invisibilité totale est fondamentalement impossible. Il s'agirait plus de systèmes portatifs de camouflage, fonctionnant sur le mode du caméléon. Le soldat ressemblerait à une ombre ou une silhouette floue. Je vais donner un exemple parlant aux cinéphiles : l'effet rendu pourrait s'apparenter à celui de la créature extraterrestre du film *Predator* de John Mc Tiernan sorti en 1987.

Pour faire le lien avec nos dossiers de disparitions, je me demande si des randonneurs n'auraient pas déjà servi de cobayes involontaires pour des expériences d'invisibilité. Cela expliquerait pourquoi on ne les voit pas, alors qu'ils sont bel et bien là. Je pense notamment à Mohd Khairi en Malaisie (le cas n° 7). Pourquoi cibler des personnes en Asie du Sud-Est, me direz-vous ? Eh bien, la Malaisie est un pays allié des États-Unis. L'US Army et l'armée malaisienne conduisent régulièrement des exercices militaires conjoints (cf. un article de *Free Malaysia Today* du 1er mars 2017), aussi est-il concevable que la première puissance militaire mondiale sous-traite des tests à l'étranger, par discrétion.

Le cas du groupe de Dyatlov

Une des rares certitudes dans ce dossier est que quelque chose a provoqué la fuite immédiate et désordonnée des randonneurs hors de leur tente. Étant donné qu'il n'y avait aucune empreinte dans la neige, à part les leurs, je penche pour un phénomène aérien d'origine humaine ou inconnue. Vue la façon dont l'affaire a été étouffée par le Kremlin en 1959, l'Armée rouge pourrait avoir causé - indirectement - la mort des neuf skieurs, qui auraient été les victimes collatérales d'un exercice militaire aérien. Je ne crois pas à la thèse d'un missile, car on aurait ramassé des débris au sol. Par contre, les militaires ont pu tester un prototype d'engin volant. L'appareil aurait provoqué une lumière éblouissante dans le ciel, juste au-dessus de la tente des sportifs. En effet, on ne peut s'empêcher de repenser à la dernière photo prise par le groupe de Dyatlov qui montre une lueur étrange en hauteur. (Il s'agissait peut-être même tout bêtement d'un puissant projecteur embarqué à bord d'un hélicoptère de transport.) Peut-être qu'en plus de la lumière, le prototype émettait un bruit insoutenable (on sait que les réacteurs d'avions de chasse font un bruit d'enfer). Tirés brutalement de leur sommeil en pleine nuit, aveuglés et confus, les neuf skieurs auraient cédé à la panique. Par instinct de survie, ils auraient quitté précipitamment leur tente et se seraient dispersés dans la nuit glaciale. On connaît la suite. À mon sens, les militaires soviétiques ne souhaitaient pas la mort de ces randonneurs. Ils ignoraient sans doute même leur présence dans le secteur des tests. Pour des raisons politiques, le Kremlin a couvert la bavure de son armée. C'était facile à l'époque, car le pouvoir communiste avait une maîtrise totale de l'information.

Comme indiqué précédemment, des lumières et phénomènes aériens non identifiés ont été observés à maintes reprises à l'époque dans le nord de l'Oural. Penchons-nous sur un exemple assez révélateur. Le 17 février 1959 (soit deux semaines après le drame), un groupe de randonneurs mené par un certain Vladislav Karelin campe dans le secteur du mont Otorten. Tôt le matin, Karelin dort encore dans sa tente, quand soudain, des cris le réveillent. Affolé, Karelin se précipite hors de sa tente pour voir ce qui se passe, sans même prendre le temps d'enfiler ses bottes (tiens, tiens). Dehors, ses équipiers sont en train d'observer avec terreur un énorme point lumineux dans le ciel. D'après leurs dires, on avait l'impression qu'une météorite allait entrer en collision avec la Terre. Le phénomène aérien inconnu change de forme, et se déplace du nord vers le sud. Question : un incident similaire aurait-il provoqué la mort du groupe de Dyatlov, la nuit du 1er février 1959 ?

3. ENLÈVEMENTS PAR DES RÉSEAUX, SECTES ET CULTES

Soyons lucides, un certain nombre de disparitions inexpliquées dans le monde sont imputables à des réseaux variés qui vont des pédophiles aux sataniques, même s'il est ardu de faire la part des choses entre le fantasme et la réalité. Ce qui est avéré, c'est que les réseaux de traites d'êtres humains sont une activité très lucrative. Selon Interpol, cette forme de criminalité organisée internationale rapporte, chaque année, des milliards de dollars. Attardons-nous sur certains réseaux…

Trafic d'organes

Ça va vous surprendre, mais l'Europe n'est pas épargnée par ce phénomène criminel. Selon un article du *Parisien* du 16 octobre 2010, au moins 500 prisonniers serbes ont été victimes d'un trafic d'organes en ex-Yougoslavie à la fin des années 1990, à l'issue de la guerre au Kosovo. Les prélèvements d'organes, principalement les reins, étaient effectués également sur des otages civils serbes et des enfants tziganes. Ce trafic odieux avait été organisé par la mafia albanaise, via l'Armée de libération du Kosovo (UCK), avec l'aide de criminels italiens. Après que le scandale a éclaté au niveau international, les réseaux mafieux albanais et italiens se sont-ils tournés vers d'autres sources d'approvisionnement ? Vers les pays voisins, par exemple ? Selon Interpol, le trafic d'organes est une activité en plein essor en Europe. Les Alpes Maritimes étant frontalières de l'Italie, Philippe Rocheteau (le cas n° 9) et les autres disparus de Sospel sont-ils tombés entre les griffes de trafiquants ?

Le cas de Kris Kremers & Lisanne Froons

Le journal néerlandais *Algemeen Dagblad* a clairement avancé cette piste pour expliquer la disparition de Kris Kremers et Lisanne Froons au Panama en 2014 (cf. le cas n° 19). Les deux étudiantes auraient été les victimes d'un sordide réseau de trafic d'organes car le Panama fait partie des pays touchés par ce business très lucratif. Selon des sources locales, de faux chauffeurs de taxi rôderaient aux alentours de l'aéroport de David, la capitale de la province de Chiriqui. Des touristes ont déjà été abordés par des individus louches, qui utiliseraient des sprays paralysants pour neutraliser leurs cibles. Une fois inconscients, les voyageurs seraient conduits dans des lieux isolés et tués pour leurs organes, revendus au marché noir. Dans le cas des Hollandaises, elles auraient été enlevées après avoir atteint le Mirador. Cette théorie comporte une incohérence majeure : pourquoi s'en prendre à des vacancières sachant que ça risque d'attirer l'attention de la presse internationale ? Ça n'est pas logique. Cibler des étrangers est très risqué pour les criminels locaux. Il serait mille fois plus simple d'enlever des enfants ou adultes vivant dans des quartiers défavorisés de la région. À moins que les rabatteurs panaméens n'aient fait une « boulette » en s'en prenant aux deux touristes. Ils se seraient rendu compte, trop tard, de leur erreur et auraient tenté de maquiller leur crime en accident tragique.

Esclavage sexuel

Le trafic de femmes d'origine européenne, ou traite des Blanches, a toujours existé. Le *New York Times* a révélé que le phénomène était en expansion depuis l'effondrement du bloc de l'est. Des victimes de kidnapping seraient forcées à se prostituer dans des pays lointains. En 2013, un réseau de traite humaine a été démantelé en Colombie, voisine du Panama. Un groupe criminel capturait des femmes qu'il envoyait vers l'Asie à des fins sexuelles. Jeunes et attirantes, les disparues de Piha (cas n° 20) ont-elles été enlevées et exfiltrées à l'étranger ? Droguées, elles seraient devenues travailleuses du sexe contre leur gré.

Sectes sataniques et cultes déviants

Certains sont persuadés que des sectes sataniques enlèvent des gens pour pratiquer des sacrifices rituels. D'accord, mais, comme pour les tueurs en série, comment font les membres des sectes pour ne pas laisser d'empreinte sur place ? Les adeptes de Satan n'en restent pas moins des hommes faits de chair et d'os. Bien entendu, les mieux informés ou plus paranoïaques (selon notre point de vue) argueront que ces cinglés sont protégés par la police. C'est normal vu que ces sectes sataniques sont infiltrées dans les plus hautes sphères de l'État. Alors, théorie du complot ? En l'absence de preuve, on peut douter de l'existence d'une vaste conspiration mondiale.

Ceci dit, la presse a révélé des cas récents de sacrifices humains, notamment en Amérique centrale. Citons quelques exemples. Dans les années 1980, une série de meurtres *narco satanicos* ont été perpétrés au Mexique par un culte de trafiquants de drogue. (Ils croyaient que ces sacrifices leur garantiraient protection contre la police.) En 2012, deux garçons et une femme de Nacozari, une ville mexicaine proche de la frontière américaine, ont été kidnappés, puis sacrifiés à la Santa Muerte, la Sainte Mort, un culte macabre que vénèrent les narcotrafiquants (cf. un article du 2 avril 2012 sur le site Houston CBS Local News). Plus récemment, en 2015, les membres d'un culte cannibale, dont le gourou s'appelle Jorge Beltrao Negromonte, ont enlevé, tué et dévoré trois jeunes femmes à Guaranhuns, au Brésil (cf. un article du *Daily Mail* du 17 juin 2015).

Le cas de Kris Kremers & Lisanne Froons

Certaines zones d'ombre du dossier peuvent laisser penser que les deux Hollandaises disparues au Panama en 2014 ont été enlevées par les adeptes d'un culte déviant semblable à ceux décrits précédemment. Après avoir été immobilisées dans la jungle (à cause d'un accident par exemple), les filles étaient vulnérables et des personnes malintentionnées leur sont tombées dessus. Les touristes auraient été faites prisonnières et enfermées dans une cabane, quelque part, dans la région de Bocas del Toro. C'est pour cette raison que les dix jours de recherches intensives n'ont rien donné. Plusieurs détails sont très gênants. Si les filles avaient vécu plus d'une semaine dans la forêt vierge, on aurait forcément trouvé des traces de vie : campement de fortune, peaux de fruits, excréments. Là, elles n'ont laissé aucune trace. Pas même une marque sur un tronc d'arbre pour baliser leur chemin. Et pourquoi n'a-t-on jamais mis la main sur les crânes de Kris et Lisanne ? Les panthères et pumas qui fréquentent la jungle panaméenne ne les ont pas emportés, vu qu'ils ne présentent aucun intérêt nutritionnel. En outre, ils sont très solides et n'ont pu se dégrader en quelques mois. On déterre régulièrement des crânes vieux de plusieurs siècles. Quelqu'un aurait-il gardé les crânes des filles comme trophées ?

Faisons maintenant un bref rappel historique : dans l'ancienne civilisation aztèque, le sacrifice humain était un rite couramment pratiqué en Amérique centrale. Là où ça devient intéressant, c'est que la décapitation était une méthode fréquemment utilisée pour les femmes. Pour le sacrifice de Toci, durant le mois d'Ochpaniztli, une femme était décapitée, puis écorchée. Après le sacrifice et les offrandes rituelles, son cadavre était généralement découpé en morceaux. Question : une secte locale se serait-elle inspirée des rites barbares de ses ancêtres ? L'état anormal des os, blanchis, comme si on les avait nettoyés, laisse perplexe. Pire, Kris et Lisanne n'étaient peut-être pas les seules victimes de ce culte déviant, car on a trouvé des ossements humains appartenant à trois autres personnes, dont l'identité n'a pu être déterminée.

Autres points problématiques. Comment expliquer que la rivière ait pulvérisé les squelettes des filles mais conservé intacts le sac à dos de Lisanne et son contenu, notamment des lunettes de soleil fragiles ? Comment ce sac est-il réapparu deux mois et demi après les faits sur une berge éloignée du Rio Culebra, dans un état pratiquement neuf ? Quand un randonneur tombe dans une rivière, il tombe normalement avec toutes ses affaires. Le sac aurait dû pourrir et les téléphones s'oxyder au fond de l'eau. Et quid du pied de Lisanne ramassé loin de la berge derrière un arbre ? C'est incompréhensible, sauf dans l'hypothèse où quelqu'un l'a déposé volontairement à cet endroit.

Si les effets personnels des filles ont été semés, après coup, le long de la rivière, c'est le signe évident d'une mise en scène. Quand les criminels ont réalisé qu'ils risquaient gros s'ils se faisaient prendre, ils ont voulu faire croire que les *Holandesas* s'étaient perdues dans la nature, alors qu'en réalité, elles ont été assassinées dans des circonstances atroces. Ce plan était diablement malin, sauf que les responsables de la mort des filles ont commis des erreurs.

- Première erreur : ils ont déposé des objets *en amont* de la rivière. Pour mémoire : une côte de Kris a été ramassée à 15 km du Mirador. Les saumons ont coutume de remonter le courant des rivières, mais les objets, c'est beaucoup plus rare...

- Deuxième erreur (énorme) : la photo 509. La photo manquante dans la carte mémoire de l'appareil Canon n'a pas pu être supprimée par Kris ou Lisanne car elle a été effacée sur un ordinateur. Même les meilleurs experts de la police scientifique ne sont pas parvenus à la récupérer. C'est d'autant plus suspect que cette photo est située à un endroit crucial dans la carte mémoire, entre la dernière photo « normale » prise le 1er avril 2014 à 14 h, et la série de 90 photos nocturnes prises une semaine plus tard. La photo 509 était-elle compromettante ? Qu'est-ce qu'il y avait sur cette photo ? Montrait-elle le visage d'un assassin ? J'ai l'intime conviction que cette photo contenait la clé de l'énigme. C'est pour cette raison qu'elle a été effacée. Peut-être que les meurtriers de Kris et Lisanne se sont dits que ça passerait inaperçu ? Beaucoup de criminels font des erreurs, vous savez. Heureusement, sinon on n'en arrêterait jamais. C'est ce qu'on appelle des grains de sable. Les crimes parfaits existent, mais ils sont difficiles à réaliser.

Autre possibilité : la photo 509 n'a pas été supprimée par les agresseurs des Hollandaises, mais par une tierce personne. Cet individu, qui n'a rien à voir avec la mort des filles, aurait agi sur ordre ou de sa propre initiative. Certaines personnes au Panama n'avaient peut-être pas intérêt à ce que cette photo sorte dans la presse, parce qu'elle contredisait la théorie officielle de l'accident. S'il n'y a pas d'affaire criminelle, il n'y a pas de problème. Le dossier est clos et la vie continue. Je vous laisse en tirer vos propres conclusions. En tout cas, la photo 509 constitue la preuve flagrante d'une volonté de manipulation dans l'affaire Kris Kremers & Lisanne Froon.

Pour finir, des autochtones savent probablement des choses à Bocas del Toro. En effet, des rumeurs circulent dans la région. Chez la tribu des Ngobe, il se murmure que « quelqu'un aurait fait du mal aux filles sur le chemin ». On comprend que les locaux préfèrent garder le silence, par peur de représailles.

3. ATTAQUES PAR DES CANNIBALES ET WILD MEN

Cannibales

Nous avons vu que Michael Rockefeller (le cas n° 19) a pu terminer son voyage dans l'estomac d'une tribu en Océanie. Même si cette histoire remonte à 1961 et que le cannibalisme est officiellement interdit depuis plus de cinquante ans, il semblerait que cette pratique cruelle perdure encore en Papouasie-Nouvelle-Guinée.

En 2013, un groupe d'Australiens a été brutalement agressé par une tribu sauvage (leurs deux porteurs ont été tués dans l'attaque), et en 2016, les vacances de Matthew Iovane et Michelle Clemens ont viré au cauchemar. Tout avait pourtant bien démarré pour ce couple anglo-américain…

En janvier 2016, Matthew et Michelle effectuent une randonnée sur le Kokoda Trail, un sentier de 100 km qui se faufile à travers l'une des jungles les plus impénétrables de la planète. Après plusieurs jours de marche, ils tombent soudain sur deux autochtones agressifs. Armés de machettes et d'une lance, ils portent sur le visage des masques faits de plumes et de végétaux. Au départ, les touristes pensent à un canular, mais la situation devient rapidement critique. Communiquant essentiellement par des grognements, les inconnus les déshabillent, les ligotent à un arbre avec des lianes et leur bandent les yeux. Le plus inquiétant, c'est qu'ils ne paraissent pas intéressés par leurs affaires et objets de valeur. Les sauvages les frappent et se livrent à un jeu pervers : ils passent lentement la lame de leur machette sur leurs gorges. On ignore quel sort atroce ils leur réservaient, car, par une chance extraordinaire, les

Occidentaux parviennent à s'enfuir, non sans dégâts. Michelle a eu trois doigts tailladés jusqu'à l'os, et surtout, cette expérience les a traumatisés. « J'ai bien cru que nous allions disparaître dans la jungle et qu'on ne nous reverrait jamais. » a déclaré Matthew Iovane au journal *The Sun* le 13 janvier 2016.

Quand on lit cette aventure incroyable, on a l'impression qu'elle a été inventée pour faire du buzz, pourtant elle est véridique. Ironie du sort, Matthew avait participé plus jeune à *Shipwrecked*, une émission de téléréalité et d'aventure britannique. Une ancienne star de la version anglaise de Koh Lanta qui manque d'être dévorée par des cannibales, ça a quelque chose d'ironique. Une fois encore, la réalité dépasse la fiction.

Wild men (hommes sauvages)

Dans mon précédent livre, *Disparus dans la nature (USA)*, j'ai déjà évoqué la possibilité de *wild men* qui vivraient clandestinement dans les vastes forêts américaines, et pourraient être responsables de certaines disparitions mystérieuses.

La théorie des *wild men*

Nous allons maintenant nous pencher sérieusement sur l'existence éventuelle de *wild men* à notre époque. Attention, il ne s'agit que d'une théorie, mais elle mérite d'être étudiée.

Dans le cas Dennis Martin, traité dans mon précédent livre, Dwight McCarter, le park ranger responsable de l'opération de *Search and Rescue*, a révélé qu'un groupe de *wild men* vivait clandestinement en 1969 dans les Great Smoky Mountains (Tennessee). C'est même l'un d'eux, un homme à l'aspect négligé vêtu d'une peau de bête, qui aurait kidnappé le petit Dennis. Mais cette piste n'a pas été suivie par les autorités et l'affaire n'a jamais été élucidée. Selon moi, McCarter a dit tout haut ce que tout le monde passait sous silence. L'information a, en quelque sorte, fuité. Bien entendu, l'administration du National Park Service a fait l'autruche. Il est toujours délicat de démentir une rumeur, car ça peut avoir pour effet de faire boule de neige. Personnellement, je pense que McCarter était sincère, car il connaissait extrêmement bien les Great Smoky Mountains et il n'avait aucun intérêt à mentir. Au contraire, il avait beaucoup plus à perdre qu'à gagner en faisant ces révélations. Profondément intègre, il a même mis sa réputation en jeu pour que la vérité triomphe.

Sachant que McCarter n'a pas été très précis, je vais vous donner mon interprétation des *wild men*. Ce qui est sûr, c'est qu'on ne parle pas d'hommes de Néandertal rescapés de la Préhistoire. Il s'agirait bien d'*Homo sapiens*, comme vous et moi, mais qui auraient décidé de vivre en dehors du système et de s'affranchir des règles de la société. Exit les gentils sauvages de Jean-Jacques Rousseau et les hippies qui décident, pour une raison philosophique, de refonder une communauté idéale dans la nature. Il ne serait pas question non plus de survivalistes animés par des motivations politiques ou écologiques. De mon point de vue, les *wild men* se rapprocheraient plus de ceux qu'on désigne dans les Appalaches par le terme *Hillbillies*. Des péquenauds ou ploucs, sales, édentés et analphabètes qui vivent dans des coins paumés dans la montagne. En effet, il subsiste dans l'Amérique profonde une infime proportion de personnes un peu rustres, voire arriérées. Et c'est vrai dans tous les pays du monde. Mais les *wild men* seraient beaucoup plus désocialisés que ces gens-là. Peut-être qu'au départ, il s'agissait d'individus voulant échapper à la justice, d'évadés de prison ou bien de contrebandiers d'alcool au temps de la Prohibition, dans les années 1920-1930. Ces marginaux auraient décidé de passer sous le radar en allant vivre en pleine nature, dans des lieux sauvages où il y a tout pour survivre. Peu à peu, ils auraient définitivement coupé les ponts avec le monde moderne.

Certains d'entre vous vont dire : oui, mais, si ces hommes sauvages existent, comment font-ils pour rester aussi discrets ? Eh bien, figurez-vous que la moitié de la surface des États-Unis (environ dix millions de km²) est inhabitée. Ce qui correspond à un territoire vide grand comme neuf fois la France. Et il y a de plus en plus de « zones grises » sur la planète : des régions où les gens ne vont plus, en Sibérie, en Amazonie ou en Afrique. Donc, si des individus veulent vivre en cachette, ils ont l'embarras du choix. Il leur suffit d'éviter les zones de passage et de rester aux aguets. Quand un avion ou un hélicoptère passe à basse altitude, ils se cachent sous les arbres, c'est aussi simple que ça. Si des *wild men* existent, ils se sont adaptés à leur environnement, c'est évident. La plupart étant nés dans la forêt, ils ont toujours connu cette vie. Par conséquent, ils ont appris à se déplacer rapidement et furtivement sur des terrains escarpés. Leurs sens se sont certainement affutés (l'ouïe, la vue, l'odorat). Sans compter qu'ils ont sûrement développé l'art du camouflage. En ornant leurs corps de végétaux voire de terre, ils peuvent devenir invisibles et se fondre dans le décor, comme des caméléons. Bien sûr, ils risquent de rencontrer incidemment des hommes dits normaux, mais, quand les hommes modernes - les citadins - vont en forêt, on les entend arriver à des kilomètres, et, de toute manière, ils sont souvent inattentifs à leur environnement et ne voient rien.

Je viens de vous exposer une pure théorie. Essayons maintenant de répondre à une question concrète : est-il possible de vivre clandestinement pendant des années dans les forêts du pays le plus riche au monde, les États-Unis en l'occurrence ? Eh bien, il semblerait que oui, comme l'atteste l'exemple d'Eric Robert Rudolph. Ce terroriste américain responsable d'attentats à la bombe a fait partie des dix fugitifs les plus recherchés par le FBI et, devinez quoi, il s'est caché pendant cinq ans (de 1998 à 2003) dans une forêt de Caroline du nord - la forêt nationale de Nantahala - à seulement 60 km des Great Smoky Moutains, le parc national où a précisément disparu Dennis Martin. Le FBI se doutait que Rudolph se cachait dans cette forêt, car il avait grandi tout près. La police fédérale a donc mis le paquet pour le capturer. Rudolph a fait l'objet d'une véritable chasse à l'homme. Plus de 400 policiers ont sillonné les bois, appuyés par des équipes canines. Ils ont utilisé des avions et des hélicoptères équipés de caméras thermiques. Résultat : nul. On n'a pas trouvé la moindre trace de Rudolph. Autre exemple, plus récent : Christopher Knight a vécu en ermite dans les forêts du Maine pendant 27 ans, de 1986 à 2013.

Ces deux cas réels montrent qu'il est possible de vivre longtemps dans la nature, même quand on est recherché, et que des *wild men* pourraient faire de même. En se réfugiant sous terre, comme nos ancêtres, dans des grottes ou d'anciennes galeries n'étant plus répertoriées sur les cartes, ils seraient indétectables.

Dernière question : s'ils existent, ces *wild men* pourraient-ils présenter un danger ? D'abord, ils sont obligatoirement plusieurs. L'homme ne peut survivre durablement seul et il existe forcément une microsociété (des familles et des clans). Pour moi, la plupart des *wild men* aspirent à vivre tranquillement, mais, sans éducation, ils ont forcément régressé. En cas de consanguinité, certains pourraient même être des malades mentaux. Bannis du groupe à cause de leur comportement déviant, des *wild men* psychopathes pourraient enlever des femmes et des enfants, peut-être pour assurer leur reproduction, ou pire, les réduire à l'état d'esclaves sexuels. C'est terrifiant, mais quand on voit ce dont sont déjà capables des êtres humains dits civilisés… Des personnes avec un faible QI peuvent néanmoins faire preuve d'intelligence criminelle, et mettre en œuvre des stratégies pour éviter de se faire prendre. Évidemment, si des *wild men* kidnappaient quinze femmes par an dans la même forêt, les pouvoirs publics et les médias finiraient par s'en rendre compte, mais s'ils enlèvent une randonneuse tous les cinq ans dans des lieux très éloignés les uns des autres, ça peut très bien passer inaperçu. Les secours vont la chercher pendant une semaine, et puis, ils vont laisser tomber et dire : « Oh, elle s'est perdue. Elle a dû tomber dans un trou. On n'a pas retrouvé son corps, mais ces choses arrivent… » Et tout le monde acceptera cette fatalité. C'est pourquoi je crois vraiment à l'aspect opportuniste des *wild men* : ils saisissent des occasions, de temps en temps.

Quelques statistiques pour finir. 900 000 personnes disparaissent chaque année aux USA, soit 2 300 Américains par jour. Attention, l'immense majorité de ces affaires sont résolues en quelques heures, mais il reste environ 90 000 disparitions permanentes et inquiétantes, dont beaucoup se produisent dans la nature.

En conclusion, rien ne permet d'exclure que des *wild men* soient responsables de certaines disparitions. Même si c'est une partie infinitésimale (disons 0,1 %), cela fait tout de même 90 personnes. Si des randonneurs ont eu affaire à ces êtres, ils n'ont malheureusement pas eu l'occasion de revenir témoigner…

Le cas du Triangle de Bennington

Un article du *New York Times* en date du 18 octobre 1879 fait état d'un *wild man* à Glastenbury. Vivant dans une grotte à Somerset, il avait une étrange obsession pour les femmes qu'il cherchait à enlever. Notez au passage que

DISPARUS DANS LA NATURE (MONDE)

Frieda Langer a précisément disparu près de Somerset en 1950. La suite est intéressante. Après avoir été chassé par les habitants du coin, cet homme sauvage se serait réfugié dans la montagne, où il se serait transformé en autre chose : le Monstre de Bennington dont on parlera dans le chapitre suivant.

LIONEL CAMY

4. ENLÈVEMENTS OU ATTAQUES PAR DES NON-HUMAINS

Des personnes disparues dans la nature ont-elles fait une rencontre fatale avec des créatures inconnues ?

Agressions par des cryptides

Des centaines de cryptides - ou animaux dont on n'a pas prouvé l'existence de manière irréfutable - ont été signalés tout autour de la planète, et certains pourraient être potentiellement dangereux pour l'homme.

Yéti, Bigfoot et Sasquatch

Cet être bipède et velu, mi-homme, mi-bête, est incontestablement le cryptide le plus populaire au monde. Selon le *Huffington Post*, on a recensé aux États-Unis plus de 3 000 observations de Bigfoot ou Sasquatch depuis 1920, mais on l'aperçoit partout, de l'Himalaya jusqu'en Indonésie. D'après un article du *Siberian Times* du 16 octobre 2016, le yéti rôderait aussi dans les vastes étendues glacées de Sibérie. Si ce cryptide doté d'une force redoutable tend à éviter l'homme, il a été suspecté dans l'incident du col de Dyatlov en raison d'une phrase énigmatique notée dans le journal de bord d'un des neuf skieurs : « Maintenant nous savons que l'homme des neiges existe. » En 2014, un documentaire produit par une chaîne de télévision américaine (*Russian Yeti : The Killer Lives*) a même soutenu ouvertement cette théorie, seulement, il convient de rétablir la vérité. Présenté comme véridique, ce programme était en réalité un faux documentaire mélangeant images d'archives et trucages photos. Une initiative pour le moins regrettable. Pour revenir aux faits historiques, l'allusion au yéti faite dans le journal de bord d'un des neuf skieurs n'était vraisemblablement qu'une plaisanterie. Les membres du groupe de Dyatlov aimaient, paraît-il, blaguer entre eux à ce sujet.

Le cas du monstre de Bennington

Ce cryptide aurait pu jouer un rôle dans plusieurs disparitions du Triangle de Bennington. Selon mes recherches, il existe deux versions du monstre.

- Version n° 1 : le « *wild man* de Glastenbury » qui aurait dégénéré et serait devenu cannibale, difforme et fou. Portant une peau de bête, il n'hésitait pas à s'en prendre aux êtres humains.

- Version n° 2 : une grande créature humanoïde de deux mètres de haut, couverte de poils et aux yeux rouges.

Contrairement au Bigfoot qui a tendance à fuir l'homme, le monstre de Bennington attaquait les diligences qui s'aventuraient dans la région. Le folklore indien abonde de récits d'enlèvements de femmes par des Sasquatchs qui les séquestrent ensuite dans des grottes perdues dans la montagne. Sachant cela, le monstre de Bennington ou l'un de ses descendants aurait-il été responsable des disparitions de Frieda Langer et Paula Welden ? Il aurait même pu être attiré par la couleur rouge de la parka de Paula. Particulièrement actif et agressif pendant cinq ans, le monstre de Bennington serait mort en 1950 de maladie ou de vieillesse, ce qui expliquerait la fin brutale de la série.

Dogman

Si le Bigfoot dégage une certaine sympathie, il existe un cryptide bien plus terrifiant : le Dogman. Il est beaucoup moins connu du grand public, cependant, les observations tendent à se multiplier en Amérique et dans le monde.

Dressons le portrait-robot du Dogman qui fait souvent dans les deux mètres de haut : une tête de berger allemand sur un torse humain couvert d'un pelage sombre. Des bras pourvus de mains griffues. Des pattes, très musclées, qui lui permettent de courir et de bondir à une vitesse impressionnante. Beaucoup de témoins du Dogman, qui ne croient pas forcément au paranormal, sont des automobilistes qui l'ont aperçu la nuit au bord de la route. Apparemment, ce cryptide canin se nourrit de *road kills* (cadavres d'animaux écrasés) et il est capable de marcher debout comme un homme sur ses pattes postérieures. Quelle est donc cette étrange créature ? Un loup qui aurait muté ou autre chose ? La seule certitude, c'est que tous les témoins du Dogman ont été traumatisés par leur rencontre. Certains en font encore des cauchemars, vingt ans après. Beaucoup disent, et c'est très sérieux, qu'il ressemble exactement aux loups-garous des films d'horreur, et ce n'est pas tout, contrairement au Bigfoot, il semblerait que le Dogman soit très agressif. Aucune attaque n'a été officiellement recensée pour l'instant, mais l'homme-loup n'hésite pas à s'approcher des habitations et des voitures. Il n'a visiblement pas peur des humains. Au contraire, son langage corporel dégage une assurance inquiétante. Il grogne et soutient le regard des témoins, qui ont souvent le sentiment que le Dogman *veut* leur faire du mal. Aux USA, le Dogman est principalement vu dans la région des Grands Lacs, et notamment dans le Minnesota. Seul la nuit sur son territoire, Brandon Swanson (le cas n° 10) serait-il tombé nez-à-nez avec ce cryptide sinistre ? Sachant que des randonneurs ont déjà été suivis, voire même traqués, par cette chose dans la nature, on imagine que le pire pourrait arriver, en cas de rencontre rapprochée. Étant donné qu'on voit aussi le Dogman en Australie, aurait-il aussi été impliqué dans la disparition de Prabh Srawn (le cas n° 16) ? Pour l'anecdote, le Canadien a disparu à moins de 10 km d'un terrain de camping appelé… Dogman Hut !

Gatorman

Comme vous l'avez probablement deviné, ce cryptide est le fruit d'un croisement entre un homme et un alligator. Couvert d'écailles, mesurant environ 1,50 m, et pourvu d'une longue queue, il a la gueule remplie de dents tranchantes comme des rasoirs. L'habitat privilégié du Gatorman est les zones marécageuses de Floride. En tant que cryptide aquatique, il est assez discret puisqu'il évolue essentiellement sous l'eau, néanmoins, il ne rechigne pas à aller sur la terre ferme. À l'instar du Dogman, il est même capable de se redresser et marcher sur ses pattes arrières. Et l'homme-crocodile n'a pas l'air peureux. Au contraire, il s'approche des humains. Un étudiant de St John River, en Floride, a d'ailleurs fait part d'une expérience effrayante qu'il a vécue. Une nuit qu'il dormait à bord d'un voilier avec sa petite amie, un Gatorman les aurait espionnés par un hublot du bateau. Animal à l'instinct territorial comme le crocodile, l'alligator attaque sans hésiter l'homme lorsqu'il est menacé. Le nombre d'attaques meurtrières par des *gators* aux USA est en augmentation depuis quelques années. Si Charles Huff (le cas n° 8) s'était aventuré trop loin sur le territoire du Gatorman, il aurait, peut-être, pu en payer le prix fort.

Monstres lacustres

Le cryptide aquatique le plus connu est sans conteste le monstre du Loch Ness en Écosse, mais des créatures mystérieuses sont également observées dans les lacs d'Amérique du Nord. Citons, par exemple, le Cold Lake, dans l'Alberta, au Canada. Dans une ancienne légende des Indiens Cris, un jeune guerrier traversait le Cold Lake en canoë pour rejoindre sa fiancée. Il était en train de pagayer, quand un poisson géant appelé Kinosoo fit surface. Belliqueuse, la bête, dont la gueule était pourvue de dents acérées, coupa le canoë en deux. Projeté dans les eaux froides du lac, l'Indien tenta de revenir à la nage vers la rive, mais le Kinosoo le prit en chasse et le dévora. Le lac Harrison abriterait-il une créature comparable au Kinosoo ? Dans l'affirmative, elle pourrait avoir joué un rôle dans la disparition de Raymond Salmen (le cas n° 17).

Enlèvements par le petit peuple

Le petit peuple regroupe tous les êtres humanoïdes de petite taille issus des folklores nordiques et celtiques (elfes, trolls, etc.) mais aussi de contrées plus exotiques. En général, le *little people* vit paisiblement, loin de la civilisation, cependant, ces créatures peuvent présenter un danger pour les humains si on leur manque de respect. Le petit peuple est présent dans toutes les cultures. Évoquons deux exemples éloquents :

Menehune (Hawaii)

Les Menehune sont souvent décrits comme des nains vivant dans les forêts et vallées profondes d'Hawaii. On raconte que si vous les apercevez dans la nature, vous ne devez surtout pas les regarder dans les yeux, sinon, vous risquez de disparaître. En cas de contact visuel ou si vous entendez leurs tambours, vous devez ôter vos vêtements et vous allonger sur le sol, en signe d'infériorité. John Parsons (le cas n° 11) aurait-il enfreint cette règle ?

Jin Kurcaci (Indonésie)

D'après les récits écrits en Bahasa, la langue indonésienne, il existerait dans la jungle de Sulawesi du Sud un petit peuple de démons que les locaux nomment Jin Kurcaci. Ces êtres maléfiques, qui correspondent à la description faite par Muhammad (le cas n° 14), seraient responsables d'enlèvements, appelés *penculikan*, dont on ignore le but. Certaines victimes, comme Muhammad, seraient relâchées après coup, mais d'autres ne reviendraient jamais.

Abductions par des extraterrestres

Même si l'idée est d'abord sortie de l'imagination des auteurs de science-fiction, certains croient dur comme fer que des extraterrestres enlèveraient des humains pour se livrer à des expériences inavouables.

Le cas du groupe de Dyatlov

Dans les années 1990, Lev Ivanov, responsable de l'enquête officielle en 1959, a confié croire personnellement en une explication paranormale dans l'affaire du col de Dyatlov : des *aliens* auraient été responsables de la mort des neufs randonneurs. On a certes observé des phénomènes aériens mystérieux dans le secteur à l'époque, mais j'ai l'intuition que ces sphères de lumière et orbes étaient d'origine humaine (cf. le chapitre 1 sur les expérimentations secrètes). Même s'il ne s'agit que d'une intuition, j'ai du mal à croire à la piste extraterrestre dans ce dossier pour plusieurs raisons. Ivanov n'a pas apporté la moindre preuve de ses dires. En quête de célébrité, cherchait-il juste à attirer l'attention des médias ? À moins que ces déclarations tardives ne soient que de la désinformation amplifiante destinée à brouiller les pistes. Ancien haut fonctionnaire soviétique, Ivanov aurait-il lâché cette « révélation extraordinaire » pour couvrir ses ex-employeurs ?

Le cas du Triangle de Bennington

Même si ça paraît fou, l'hypothèse extraterrestre mérite d'être ici étudiée en raison de plusieurs arguments. D'abord, les disparitions de Bennington sont survenues à une période très riche en matière ufologique. Après la

Seconde Guerre mondiale, on a assisté à une grande vague d'Ovnis aux États-Unis. De plus, un des premiers cas supposés d'abduction, celui des époux Hill, est intervenu en 1961, dans le New Hampshire, un État voisin du Vermont. Détail intrigant : beaucoup de témoins d'Ovnis indiquent sentir une odeur d'ozone ou de plastique chauffé, ce qui pourrait expliquer les effluves bizarres souvent perçues dans la forêt de Glastenbury. Autre détail, plus anecdotique : on dit que les Gris (une race hypothétique d'extraterrestres qui ont des grosses têtes et des yeux en amande) seraient dotés de pouvoirs psychiques. Maintenant, souvenez-vous de la déclaration de M. Jepson, le père du petit Paul. Il avait affirmé que, dans les jours précédant sa disparition, son fils répétait sans arrêt vouloir aller dans la montagne, et c'est bien la direction qu'il a prise après être descendu du camion de sa mère. Les Gris auraient-ils attiré Paul dans la montagne en utilisant leurs pouvoirs télépathiques ? Pour terminer, l'argument le plus fort en faveur de cette théorie, c'est le profil des victimes toutes d'âges et de sexes différents. Elles forment un panel représentatif de l'espèce humaine. On aurait, en gros, assisté à une récolte d'êtres humains dans le Vermont. Une fois leurs expérimentations achevées, les extraterrestres seraient repartis d'où ils venaient. C'est pour cette raison que la série s'est brusquement stoppée en 1950.

Le cas de l'énigme de Sospel

Il y a, semble-t-il, une activité ufologique supérieure à la normale à Sospel. Le site américain thecid.com a répertorié un cas d'observation d'Ovni à Sospel dès l'après-guerre. En novembre 1947, on aurait aperçu une soucoupe en train de voler vers l'Italie à 800 m d'altitude. Des cas beaucoup plus récents ont été enregistrés par le GEIPAN, le Groupe d'Études et d'Information sur les Phénomènes Aérospatiaux Non identifiés. Le 5 septembre 2008, des témoins ont observé à Sospel des phénomènes lumineux qui se déplaçaient en direction du col de Braus (cf. un article de *Monaco-Matin* du 23 mars 2015). Il y aurait même eu un RR3, c'est-à-dire une Rencontre Rapprochée du 3ème type près du village le 30 avril 1983. Après avoir été réveillée chez elle en pleine nuit par une boule de lumière, une habitante de Sospel aurait constaté la présence de quatre êtres humanoïdes inconnus dans sa chambre à coucher. Les visiteurs seraient ensuite repartis à bord d'un vaisseau noyé dans la brume. Il faut accueillir ce témoignage avec le recul nécessaire, néanmoins, la Sospelloise a souffert de stress post-traumatique suite à cette expérience hors du commun. Enfin, Sospel n'est qu'à 28 km du col de Vence où l'on ne compte plus les observations d'Ovnis. Le 5 septembre 1996, un engin silencieux en forme de triangle a été filmé pendant quatre minutes. Cette observation a été relatée dans *Nice-Matin* et *France-Soir*. On a recensé tellement d'incidents inexpliqués au col de Vence qu'on le qualifie de « zone d'anomalies récurrentes ». Jugez plutôt : orbes, bruits aériens étranges, curieuses chutes de pierres, voitures, caméscopes et appareils photo qui tombent en panne sans raison, etc. Vue cette longue liste, doit-on s'étonner que des personnes disparaissent mystérieusement dans la région ?

Le cas d'Emma Campbell

Avant de refermer ce chapitre, attardons-nous sur le dossier d'Emma Campbell (le cas n° 13). Quand on examine objectivement les faits, plusieurs indices suggèrent une éventuelle abduction par une forme d'intelligence extraterrestre.

- L'accident de voiture bizarre : en 2010, les policiers néo-zélandais n'ont pas cerné la cause exacte de la sortie de route d'Emma. Sa Toyota Corolla était partie dans les broussailles en roulant à très faible allure. Cet accident, assez inhabituel, me rappelle la mésaventure de Rosalind Reynolds, une Anglaise qui aurait été abductée par des Gris justement au cours d'un trajet en voiture (cf. un article du *Sunday Express* en date du 24 août 2016). En septembre 1982, Rosalind avait quitté Clacton sur la côte anglaise pour se rendre chez des amis à Corby. Tandis qu'elle roulait à hauteur du village de Sudbury dans le Derbyshire, une grosse boule de lumière a fait son apparition dans le ciel, à proximité d'une ligne haute tension. Lorsque le phénomène lumineux s'est approché de la voiture de Rosalind, le moteur et les phares ont brusquement coupé. « C'est comme si la batterie s'était vidée d'un coup. » a-t-elle expliqué. Le véhicule a continué sur sa lancée, avant de s'immobiliser. Quelques minutes plus tard, Rosalind a réussi à redémarrer le moteur et repartir, mais quand elle est finalement arrivée à Corby, elle s'est rendu compte que le voyage depuis Clacton lui avait pris trois heures de plus. Il lui manquait du temps. Ce phénomène qu'on appelle le *missing time* est classique chez les abductés. Par la suite, le comportement de Rosalind a changé (elle a notamment souffert de troubles dépressifs). Grâce à une séance d'hypnose régressive, elle a finalement su ce qu'il s'était passé durant les trois heures manquantes : Rosalind aurait été emmenée à bord d'un Ovni où des Gris lui auraient fait subir des examens gynécologiques. En résumé, elle aurait connu le scénario traditionnel des abductions, dans la droite lignée des époux Hill. J'ignore si Rosalind dit vrai ou non. Ce qui m'intéresse en particulier dans ce témoignage, ce sont les circonstances de sa panne de voiture qui s'est arrêtée très lentement sur la route… comme le véhicule d'Emma. C'est un détail, mais, dans les affaires criminelles, les détails comptent. Ils ont même une importance cruciale.

- Les chaussures enlevées : les chaussures de sport d'Emma ont été ramassées à dix mètres de sa voiture. C'est plutôt déroutant, mais, lorsqu'on analyse ce dossier sous l'angle ufologique, cela pourrait avoir du sens. Dans l'hypothèse où une forme d'intelligence venue d'ailleurs kidnappe des gens pour procéder à des expérimentations, elle pourrait laisser sur place leurs chaussures parce que ces objets sont très sales. Les semelles sont couvertes de bactéries. Dans le milieu médical, on redoute les infections, et les extraterrestres ont peut-être aussi la phobie des microbes.

- La montre ôtée : et si des *aliens* l'avaient enlevée du poignet d'Emma avant de l'abducter ? En effet, une montre émet un champ magnétique qui pourrait perturber le bon déroulement des examens pratiqués ultérieurement.

- Le cadavre d'Emma : il était tellement décomposé qu'à mon avis, il était difficile pour le légiste de distinguer d'éventuelles marques ou incisions. Il faut bien avoir à l'esprit que les médecins ne raisonnent pas en « mode abduction » et sont souvent réticents à faire des analyses plus poussées et inhabituelles (comme mesurer le taux de radiation) à cause de leur coût non négligeable. En outre, ils craignent de perdre leur crédibilité. Voilà pourquoi beaucoup s'abstiennent. Autre point : le cadavre d'Emma Campbell a été trouvé à seulement 100 m du lieu de sa disparition. Étant donné qu'on a fouillé la zone intensivement pendant trois semaines sans rien trouver, je m'interroge : est-ce que le corps était vraiment là ? Pour finir, je vais émettre une idée. Dans la vie réelle, nous connaissons tous des gens qui sont allés un jour à l'hôpital pour des examens ou une intervention bénigne, et qui ne sont jamais revenus. Pour les abductés, c'est peut-être pareil. Parfois, cela se déroule mal, et les humains décèdent à bord des Ovnis. Si l'on considère que les *aliens* ne sont pas obligatoirement malveillants à notre égard, ils pourraient finit par rendre les corps des disparus, afin qu'on leur donne une sépulture digne de ce nom.

5. DIABLE, SORCELLERIE ET ESPRITS MALÉFIQUES

Hasards ou coïncidences, les disparitions surviennent parfois dans des lieux aux noms sinistres. Pour ne citer que quelques exemples, Middie Rivers (le cas n° 2) a disparu à Hell Hollow qui signifie le « Trou de l'Enfer », le groupe de Dyatlov a perdu la vie au mont Kholat Syakhl, qui veut dire la « Montagne des Morts ». Dans le secteur de Sospel, les noms sont assez évocateurs : Cime du Diable, Val d'Enfer, Pont du Diable. Il faut se poser la question : est-il vraiment étonnant qu'un évènement dramatique survienne dans un endroit au nom lugubre ? Il serait instructif de savoir pourquoi on a lui donné ce nom particulier.

Superstition liée aux couleurs

Vu que, dans le dossier du Triangle de Bennington, deux victimes portaient des vêtements de couleur rouge, certains habitants du coin ont désormais une superstition : il ne faut pas porter de couleur rouge quand on se promène sur le Long Trail, sinon, il vous arrive malheur. Le plus troublant, c'est que cette croyance existe aussi à l'autre bout de la planète, notamment en Sulawesi du Sud. En Indonésie, les autochtones déconseillent fortement aux visiteurs étrangers de porter des couleurs vives (rouge ou orange) lorsqu'ils s'aventurent dans la jungle, sinon ils risquent de disparaître. Par prudence, les locaux mettent uniquement des vêtements noirs ou blancs. Venus de la ville, Muhammad et ses amis randonneurs (cas n° 12) avaient-ils connaissance de cette superstition locale ? Si ça se trouve, ils portaient tous des tenues bariolées ou fluo. Soit dit en passant, Charles Huff (le cas n° 8) portait une veste orange le jour de sa disparition, et Kim Bambus (le cas n° 20) était, elle, vêtue d'un top rose. Dans la nature, ces couleurs détonnent dans le décor et se voient de très loin. Elles pourraient donc attirer l'attention d'un prédateur inconnu qui attendrait une proie, tapi dans l'ombre.

Sorcières

Qu'on y croie ou pas, la sorcellerie et le Diable ont souvent été pointés du doigt pour expliquer certaines disparitions mystérieuses, autrefois.

Le cas d'Owen Parfitt

Lorsque le vieil infirme a subitement disparu en 1768, les habitants de Shepton Mallet ont raconté que c'est le Diable qui l'avait emporté en enfer. Mary, sa propre sœur, croyait elle-même que le démon avait pris Owen pour lui faire payer sa mauvaise vie. Certains d'entre vous se montreront sceptiques, seulement, j'ai remarqué qu'il y avait déjà eu un précédent dans cette petite ville anglaise…

En novembre 1703, une résidente du nom de Nancy Camel avait disparu au cours d'une tempête à Shepton Mallet et Nancy n'était pas une femme comme les autres. Elle avait la réputation d'être une sorcière. À Shepton Mallet, tout le monde a clamé que Satan était venu collecter son âme (cf. un article du site Somerset Live News du 5 octobre 2016).

Le cas de l'énigme de Sospel

Au carrefour de la Provence et de l'Italie, le territoire des Alpes-Maritimes est riche en vieilles histoires surnaturelles. Dans l'une d'entre elles, il est déjà question d'une disparition mystérieuse à Sospel.

Il y a plusieurs siècles, un jeune homme menait une existence paisible et solitaire à Sospel. Un jour, il rencontra une femme brune d'une grande beauté qui vivait au Moulinet, un village voisin. Ils devinrent aussitôt amants. Les gens du coin prévinrent le jeune homme que cette femme versait dans la sorcellerie, mais, aveuglé par l'amour, il n'y prêta pas attention. Un jour où elle était souffrante, la belle sorcière lui fit la demande suivante : « Si tu veux que je guérisse rapidement, va dans la forêt près du Moulinet et rapporte-moi de l'herbe de la Saint-Jean ». La femme connaissait parfaitement les lieux parce que c'est là qu'elle concoctait ses potions en invoquant les démons. Serviable, le jeune homme monta aussitôt dans la forêt, et ce, malgré la nuit tombée. Au milieu des bois obscurs, il sentit qu'il n'était pas seul. Il pouvait deviner une présence maléfique autour de lui. Soudain, des douzaines d'yeux brillants apparurent dans le noir. Terrifié, le jeune homme prit ses jambes à son cou en criant dans la nuit. On ne le revit plus jamais, mais, au lever du soleil, on remarqua au sommet du Mangiabo (un mont proche de Sospel) une curieuse forme rocheuse. De loin, on aurait dit un cairn, c'est-à-dire un tas de pierres empilées sur la cime de la montagne, mais, en regardant de plus près, elle ressemblait à une silhouette humaine pétrifiée.

Esprits et entités démoniaques

Djinns

Mentionnés dans le Coran, les Djinns sont des êtres surnaturels. Généralement invisibles, ils peuvent se manifester sous différentes formes (hommes, végétaux, animaux tels les serpents) et sont capables d'influencer mentalement, voire de faire halluciner les humains. Contrairement aux gentils génies des contes des *Mille et Une Nuits*, les Djinns sont souvent sournois et inspirent la crainte. Sachant qu'ils habitent les lieux déserts, les grottes et les tunnels de lave près des volcans, reparlons maintenant de Victor Teni (le cas n° 18) qui a disparu sur l'île de Tenerife. À titre de rappel géographique, les îles Canaries baignent au large du Sahara Occidental et j'ai noté la présence d'un tunnel de lave long de 17 km - la Cueva del Viento - juste au pied du Pic de Teide. Un Djinn serait-il donc responsable de la disparition de Victor Teni ? Pour les musulmans, ces entités peuvent en effet se montrer malveillantes et enlever les humains. Selon un article très sérieux du *Express Tribune* en date du 5 octobre 2015, un Djinn aurait kidnappé et tué un enfant de cinq ans dans le village de Chilas, au nord du Pakistan. Notons au passage que John Parsons (le cas n° 11) s'est volatilisé à Hawaii qui concentre les plus grands tunnels de lave au monde.

Guayota (Espagne)

Le Pic de Teide où a disparu Victor Teni n'est pas un lieu anodin à Tenerife. Tenez-vous bien : les Guanches, les anciens habitants de l'île qui ont été massacrés par les conquérants espagnols, croyaient le volcan de Teide habité par un démon nommé Guayota. Selon la légende, Guayota avait autrefois enlevé Maec, le Dieu du soleil qu'il avait enfermé *à l'intérieur* du Pic de Teide. Heureusement, Achamán, le Dieu suprême des Guanches était intervenu. Il avait sauvé Maec et enfermé à sa place dans le volcan le maléfique Guayota. Depuis ces temps reculés, le volcan de Teide serait devenu rien moins que la demeure du Diable.

Night Marchers (Hawaii)

Dans cette vieille légende hawaïenne, les fantômes des anciens guerriers sortent de leur tombe, la nuit, à certaines phases de la lune. Ils descendent la montagne en marchant sur les sentiers d'O'ahu, une torche à la main, pour revenir sur les sites des batailles qu'ils ont perdues. En tant qu'humain, vous ne devez jamais regarder les *Night*

Marchers, les marcheurs de la nuit, sinon, vous risquez de disparaître. Le seul moyen de rester sain et sauf est de vous allonger par terre, de vous cacher le visage et de faire le mort, en signe de respect. John Parsons (le cas n° 11) avait-il connaissance de cette superstition locale ?

Orang bunians (Malaisie)

Beaucoup de Malaisiens croient que des esprits appelés *orang bunians* vivent dans la jungle. Ces entités seraient capables d'emporter les êtres humains dans un autre monde ou une autre dimension, et également de « couvrir la vue ». Est-ce pour cette raison que personne ne voyait Mohd Ghani à Gunung Tebu en mai 2002 (cf. le cas n° 7) ?

Les *orang bunians* détiendraient aussi le pouvoir de lire dans nos pensées et d'altérer nos perceptions sensorielles, comme le suggère l'expérience inexplicable rapportée par Nor Muzammil, un technicien féru de randonnée. Il y a quelques années, lui et trois amis effectuaient un trek sur un sentier dans la forêt vierge malaisienne dans l'État de Selangor. À un moment donné, les randonneurs se sont rendu compte d'un problème : alors qu'ils auraient dû ressortir de la jungle depuis deux heures, ils étaient toujours à l'intérieur. Muzammil a vraiment réalisé que quelque chose ne tournait pas rond quand il s'est aperçu que le sentier boueux sur lequel ils marchaient s'était transformé en une piste de graviers. Or, tous les habitués du coin savent qu'il n'y a aucun sentier de ce genre dans la région. Muzammil a adressé une prière silencieuse aux esprits de la jungle. « S'il vous plaît. Nous voulons juste rentrer chez nous. Si nous vous avons offensés en quoi que ce soit, pardonnez-nous. » Si l'on en croit Muzammil, ce n'est qu'après cette supplication que le chemin s'est rouvert. Les trekkeurs ont retrouvé des repères visuels et ont pu ressortir de la jungle.

Qu'on croie ou non en la véracité de cette histoire, il semblerait que beaucoup de personnes disparaissent dans la nature malaisienne. Mentionnons l'exemple de Teo Kim Lan, le participant d'une course à pied organisée le 16 juin 2015 sur le sentier Ah Pek Hill, à Chera, non loin de Kuala Lumpur (cf. un article de *The Star Malaysia*, du 13 juillet 2015). Le titre de l'article ne va pas par quatre chemins : « Un *orang bunian* a-t-il kidnappé Teo Kim Lan ? »

Légende d'Hinerangi (Nouvelle Zélande)

Encore une coïncidence ? Le site de Piha (le cas n° 20) est le lieu d'une étrange légende locale.

Hinerangi était une belle jeune femme mariée à un jeune chef maori. Tandis que ce dernier pêchait dans les rochers en bas de la falaise de Piha, il fut emporté par une grande vague et Hinerangi ne s'en remit jamais. Inconsolable, elle restait assise des heures sur la falaise à regarder au loin l'océan. Peu à peu, elle se laissa dépérir et finit par mourir. Elle rejoignit alors son amoureux disparu dans l'autre monde.

Aujourd'hui, une statue en bois représentant Hinerangi monte la garde sur le Mercer Bay Loop Track, les yeux tournés vers le large. La légende veut que, si l'on observe attentivement les falaises, on peut apercevoir le visage d'Hinerangi imprimé dans les rochers. Bob Harvey, un ancien élu local de la région, qui fait souvent du jogging sur ce sentier à l'aube, a déclaré avoir déjà aperçu plusieurs fois le visage d'une femme maorie dans les pierres de la falaise. Et si la côte de Piha était hantée ? La disparition tragique d'Hinerangi se répèterait-t-elle à travers les âges ? Cela expliquerait pourquoi trois jolies jeunes femmes se sont envolées précisément à cet endroit.

6. PASSAGES INTERDIMENSIONNELS

Si les univers parallèles relèvent de la science-fiction pour le grand public, de plus en plus de scientifiques sont aujourd'hui convaincus de leur existence. Pour simplifier un concept d'une complexité inouïe : « Tout ce qui aurait pu avoir lieu dans le passé a bien eu lieu dans un autre univers, et tout ce qui pourrait avoir lieu dans le futur aura bien lieu dans des univers parallèles. » (cf. un article du *Journal du CNRS* du 3 septembre 2015). Ces univers multiples étant, en théorie, séparés du nôtre, il est ardu de prouver leur réalité, cependant, Eugene Lim, maître de conférences en physique des particules et cosmologie au King's College de Londres, soutient qu'il est possible de trouver des traces du multivers.

Des auteurs ont, quant à eux, imaginé la possibilité de passer d'un univers à l'autre par le biais de portails interdimensionnels. Portails, trous de ver, vortex vers un autre monde, quels que soient les termes utilisés, ils recouvrent, en gros, la même chose. L'existence de tels passages sur la planète pourrait expliquer certaines disparitions non résolues : sans le vouloir, des personnes seraient instantanément transférées dans un univers parallèle, sans laisser de trace. La plupart ne pourraient jamais faire le voyage retour.

Le cas du Triangle de Bennington

Pour un journaliste du *Bennington Banner*, il existerait sur le mont Glastenbury un « horizon perdu » dans lequel les gens s'engageraient par inadvertance et dont ils ne reviendraient pas. La question est juste de savoir pourquoi le portail du mont Glastenbury aurait cessé de fonctionner en 1950 ? Serait-il tombé en panne ? En bref, ça n'a pas grand sens.

Le cas de Prabhdeep Srawn

L'idée de brèches ou de fissures interdimensionnelles dans lesquelles tomberaient les imprudents est pertinente pour éclairer le dossier de Prabh Srawn (le cas n° 16). Quelques jours après la disparition du randonneur canadien, de multiples témoins - notamment des rangers - ont entendu des appels à l'aide, sans réussir à localiser leur origine. Et les sauveteurs n'ont trouvé personne dans le périmètre. Prabh était-il coincé dans une autre dimension ? Au stade actuel de nos connaissances, nous sommes inaptes à répondre.

Nul ne sait si des passages interdimensionnels existent réellement, ni comment ils fonctionnent. Sachant qu'on n'a jamais vu aucun groupe entier de touristes disparaître à travers l'un de ces portails, seraient-ils activés par une forme d'intelligence inconnue ? Et dans quel objectif ? En l'absence de preuve irréfutable, le multivers demeure un concept théorique à l'heure actuelle. Ceci dit, au nom de quoi écarterions-nous aveuglément cette éventualité ? Nous pourrions être, sans le savoir, à l'aube de la plus grande découverte de tous les temps.

III. CONSEILS AUX RANDONNEURS

Voici quelques rappels utiles si vous comptez faire prochainement une randonnée, même de quelques heures, dans un territoire sauvage et isolé. Cette liste n'est pas exhaustive, mais l'un de ces conseils pourrait bien vous sauver la vie…

Affaires à emporter (entre autres)

Barres de céréales. Eau. Pastilles purifiantes ou petit filtre à eau portatif. Verre en plastique. Lampe frontale. Couteau suisse ou pince multifonctions. Briquet. Carte topographique en papier (car si vous n'avez qu'une version numérique et que votre appareil électronique tombe en panne, vous perdez toutes vos données). Couverture de survie (si vous la dépliez sur le sol, elle peut aussi être visible de très loin depuis les airs). Sifflet (ça ne coûte rien, et le son porte beaucoup plus loin que la voix humaine). Téléphone.

En plus de servir à appeler les secours, un smartphone contient des outils intéressants : GPS, boussole, lampe, appareil photo pour repérer des lieux, etc. Si vous en avez les moyens financiers, emmenez aussi un téléphone satellite (il fonctionne dans les zones non couvertes par le réseau GSM).

Gestion du téléphone

Afin d'économiser la batterie, éteignez-le quand vous ne l'utilisez pas. Votre opérateur téléphonique est en mesure de localiser votre appareil, même éteint. Par contre, il ne faut pas enlever la batterie. Enfin, n'accordez pas une confiance excessive à la technologie parce qu'elle comporte des effets pervers : certains randonneurs s'écartent davantage des lieux de passage en cherchant du réseau pour leur téléphone, d'autres meurent bêtement en faisant des *selfies*. Par exemple, ils reculent au bord d'une falaise pour se prendre en photo et font une chute mortelle.

Orientation

Dans la mesure du possible, ne partez pas seul dans la nature. Dans le cas contraire, prévenez quelqu'un. Convenez avec une personne en qui vous avez confiance de lui envoyer un SMS à votre retour pour lui confirmer que tout s'est bien passé. Si vous êtes dans un parc national ou une forêt d'État, prévenez un fonctionnaire au bureau d'accueil, avant de démarrer votre randonnée. Si vous vous perdez à plusieurs, restez ensemble. Et, d'une manière générale, il est souvent plus judicieux de rester à l'endroit où l'on est. On a déjà eu des cas où le seul randonneur ayant survécu est celui qui a attendu les secours. De la même façon, si vous tombez en panne de voiture, et sauf danger imminent, restez à l'intérieur de votre véhicule. Non seulement il vous offre une protection contre les intempéries, mais en plus il est facilement repérable par les secours.

Si vous ne pouvez compter que sur vous-même, et que vous voulez sortir d'une zone sauvage, on a coutume de dire que vous devez suivre une rivière. Les êtres humains ont tendance à s'établir près de l'eau. En suivant un cours d'eau, il y a de grandes chances que vous croisiez une route ou une maison, à plus ou moins longue échéance. En montagne, faut-il monter ou descendre la pente ? Eh bien, tout dépend des circonstances. Faites marcher votre bon sens. Si la météo est bonne et si vous pensez qu'on va envoyer un hélicoptère vous chercher, montez sur un point culminant, où vous êtes visible. Mais, à l'inverse, si le ciel se couvre et si personne ne sait que vous êtes dans la montagne, il faut absolument redescendre se réfugier dans la vallée.

LIONEL CAMY

EN CONCLUSION

Voici venu, chers lecteurs et lectrices, le moment de conclure. Qu'est-il arrivé à toutes ces personnes portées disparues ? Et si elles ne sont pas mortes, quelque part, où sont-elles parties ? Chercher à comprendre ne fait que générer de nouvelles questions, elles aussi sans réponses. Le champ des possibles est si large que cela en devient vertigineux. C'est invraisemblable de ne pas obtenir d'explication. Saura-t-on un jour la vérité ? C'est mon vœu le plus cher, avant tout pour les familles tourmentées et privées de réponse. Afin qu'elles puissent, peut-être, un jour, trouver la paix. Dans le livre que vous tenez actuellement entre les mains, je me suis concentré sur des disparitions dans la nature, mais il faut savoir que le milieu urbain regorge également d'affaires étranges. J'ai regroupé les meilleures histoires dans mon livre *Disparus en ville - Vingt histoires vraies et mystérieuses*. Dans l'immédiat, et si vous avez aimé cet ouvrage, je vous remercie énormément à l'avance de bien vouloir mettre un commentaire sur Amazon. C'est aussi une manière de soutenir le travail des auteurs qui offrent, comme moi, beaucoup de contenu gratuit sur YouTube.

Amitiés,

Lionel Camy

LIONEL CAMY

DISPARUS DANS LA NATURE (MONDE)

CARTE DU MONDE
(localisation des vingt histoires)

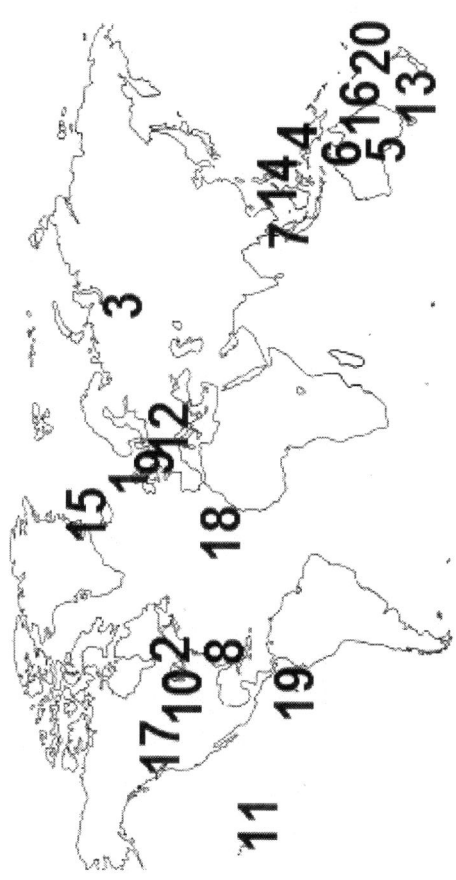

LIONEL CAMY

DU MÊME AUTEUR

LA SÉRIE DES « DISPARUS »

DISPARUS DANS LA NATURE (USA)
Vingt histoires vraies et mystérieuses

Chaque année, des personnes disparaissent dans les parcs nationaux et forêts américaines, dans des circonstances très étranges. Un guide touristique qui s'évapore derrière le groupe qu'il accompagne... Un bambin qui disparaît des heures en forêt, et qui fait un étrange récit à son retour... Un photographe qu'on retrouve « fondu sur place » dans un endroit inaccessible à cause de la neige... Le participant d'une course en montagne qui ne franchit jamais la ligne d'arrivée... Un chasseur qui s'égare dans des bois qu'il connaît parfaitement et qu'on retrouve les pieds usés jusqu'à l'os... Grand voyageur passionné d'énigmes, le romancier Lionel Camy vous livre vingt histoires effrayantes, et absolument véridiques. Après avoir décrypté pour vous ces affaires, et passé en revue les explications rationnelles les plus courantes, l'auteur ose aller plus loin, et franchir les frontières du réel. Car si ces disparitions ne sont pas normales, peut-être relèvent-elles du paranormal ? Une menace terrifiante serait-elle tapie dans les vastes étendues sauvages de l'Amérique du Nord ? À vous de vous forger votre propre opinion...

DISPARUS EN VILLE
Vingt histoires vraies et mystérieuses

Chaque année, des personnes disparaissent en zone urbaine dans des circonstances étranges. Elles se volatilisent parfois en plein jour, au milieu de la foule. Et les téléphones portables, caméras de surveillance et GPS n'y changent rien. La plupart du temps, on ne les retrouve jamais et la police est perplexe. Où sont passés tous ces gens ? Que leur est-il arrivé ? Un étudiant qui rentre dans un bar et qu'on ne voit jamais ressortir… Une famille en voiture qui s'évapore sur la route un soir de Noël… Un jeune homme qui disparaît en quelques secondes, alors que sa fiancée arrive au coin de la rue… Une femme qui se volatilise après avoir apparemment interagi avec des êtres invisibles… Un disparu qui laisse un message téléphonique sur lequel on entend des grognements inhumains… Auteur spécialiste en disparitions mystérieuses, Lionel Camy vous raconte vingt histoires terrifiantes et absolument authentiques. Après avoir décrypté pour vous ces affaires, la plupart du temps non élucidées, il passe en revue les différentes explications possibles, car quand les meilleurs enquêteurs et experts de la police scientifique ont échoué dans leur devoir de justice, on se doit de continuer à chercher la vérité. Et vous, trouverez-vous la solution ?

DISPARUS EN MER
VINGT HISTOIRES VRAIES ET MYSTÉRIEUSES

Majoritaire sur la surface de notre planète, la mer exerce une fascination sur l'homme depuis la nuit des temps. Source de vie et de beauté, elle inspire également la crainte. À juste titre. Combien de navires, parfois massifs, se sont volatilisés avec leurs équipages entiers, sans laisser la moindre trace ? Les disparitions maritimes comptent parmi les plus mystérieuses qui soient. Au milieu de l'océan, personne ne vous voit disparaître. Qui sait vraiment ce qu'il peut vous y arriver ? Un capitaine de cargo qui s'évapore dans sa cabine, verrouillée de l'intérieur… Une série de pieds humains dans des chaussures repêchés sur la côte canadienne… Une nageuse emportée sur une plage, et qui réapparaît au même endroit, un an et demi plus tard…Des passagers de croisière dont on perd à jamais la trace… Plongeurs disparus. Bateaux

DISPARUS DANS LA NATURE (MONDE)

fantômes. Lacs maudits. Paquebots hantés.

Auteur spécialiste en disparitions mystérieuses, Lionel Camy vous raconte vingt histoires hors normes et totalement véridiques. Après avoir analysé pour vous ces affaires, souvent irrésolues, il passe en revue toutes les explications envisageables. Du triangle des Bermudes jusqu'aux profondeurs insondables de l'âme humaine, embarquez dans une croisière vers l'inconnu.

DISPARUS DANS LA NATURE (ASIE)
VINGT HISTOIRES VRAIES ET MYSTÉRIEUSES

Continent le plus vaste et peuplé de notre planète, l'Asie est fascinante à bien des égards pour les Occidentaux. La richesse de ses paysages, peuples et cultures en fait un monde à part, souvent méconnu. Il n'est donc pas surprenant que la sphère asiatique soit le théâtre de disparitions parmi les plus étranges qui soient. Des personnes perdues dans la jungle qui ont l'impression d'être invisibles aux yeux des secours… Un randonneur qui se volatilise dans la montagne après avoir rencontré une femme « ressemblant à une princesse »… Une famille entière qui s'évapore au milieu de la nuit, habillée en pyjama… Une petite île paradisiaque où s'enchaînent les morts et disparitions inexpliquées… Deux fillettes emmenées dans un marais par une créature inconnue… Dans *Disparus dans la nature (Asie)*, vous allez découvrir vingt histoires de disparitions souvent extraordinaires et toujours absolument véridiques. La majorité sont inédites, car elles n'ont été rapportées que dans des journaux asiatiques, non traduits en français. Comme dans les autres livres de la série des *Disparus*, Lionel Camy décrypte pour vous ces dossiers en avançant toutes les explications possibles. Lorsque les cas s'y prêtent, il cite des légendes et croyances locales particulièrement troublantes et pouvant éclairer ces expériences inexpliquées. L'auteur en profite aussi pour vous livrer quelques conseils en matière de survie en milieu hostile. Si vous aimez le dépaysement et l'étrange, n'hésitez plus, partez dans un voyage qui ébranlera, peut-être, vos certitudes.

ROMANS

PASSAGER VERS L'ENFER

Eliot Bellay, un jeune touriste Français, arrive en Thaïlande pour des vacances sur une île paradisiaque. Mais son bateau fait naufrage et il trouve refuge avec d'autres voyageurs sur une plate-forme pétrolière désaffectée, perdue loin des côtes. Les huit rescapés organisent leur survie, mais, quand les morts et les incidents bizarres s'enchaînent, Eliot cherche à comprendre le mystère de ce lieu coupé du monde. Et si ces évènements dramatiques n'étaient pas le fruit du hasard ? Le cauchemar ne fait que commencer...

KLIMAX

Alors que la ville de Christchurch, en Nouvelle-Zélande, se remet d'un terrible séisme, le corps d'une joggeuse sauvagement assassinée est retrouvé dans une forêt proche de la ville. Peu après, Henry Graffin, dit «Hank», sergent-détective de la police criminelle mis au placard après un drame personnel, reçoit une visite inattendue : un membre de sa famille, perdu de vue depuis des années, a reçu un email inquiétant, qui pourrait bien avoir un lien avec le meurtre. Quand une autre jeune femme disparaît mystérieusement, Graffin, saisi d'une intuition, se lance dans l'enquête. Débute alors une course contre la montre pour tenter de stopper un tueur aussi malin que sadique, au cœur d'une région dévastée dans laquelle le climat semble devenu fou...

Printed in Germany
by Amazon Distribution
GmbH, Leipzig